家庭に不和が生まれるのは、住まいの設計思想にある

北島　進

海鳥社

はじめに

私は、小学低学年時代はボンクラ・ノロマで、親や先生からいつも叱られていました。でも、後になってみますと、それらがとても人生の助けになりました。

当時の先生にお礼を申しあげるつもりで、平成十八年春『先生！　もっと子どもを叱れ』を出版しました。今回は住まいの設計を考えるときに、若い設計者や、あるいは、お寺さん、今から家庭を持とうとされる方などに、少しでも参考になればと思い執筆しました。前書の内容といくらか重複した部分がありますが、その点はご了承ください

私が子どもの頃、子どもが親を、親が子どもを殺す、それも金のためにという話を聞いたことがありません。近頃は子どもに保険をかけ、親が子どもを殺す、それも、病気がちな弱い子に保険をかけ、保険金を得ようとする事件や、また若い男と思われる者が行きずりの子どもを刺し殺すなど、残虐極まりない事件は枚挙にいとまがありません。

一方、小中学校生の不登校は年々増加の傾向があり、校内暴力は後を絶たず、生徒が先生に暴力を加える、さらに校内での自殺や校内殺人事件さえ特別珍しい事件ではなくなりつつあります。

どうしてなのでしょう。住まいを設計している建築家は、誰一人としてこれらの事柄を住まいの設計と結びついて考えていないようです。建築雑誌などを見る限り、私の記憶では、一つもありません。

家庭内の団欒とか、コミュニケーション、ひいては家庭内の人の動きである「動線」のあり方などの機能を問題にするのはよく耳にします。これは設計のイロハですから当然です。しかし、そこから一歩踏み込んで、家庭内の不和や、ニートの存在、子どもの不登校や、いじめなどの解消法の提言を、住まいの設計者からは聞いたことはありません。

設計事務所の経営や建築会社の運営上、設計料のため設計の床面積を多くすることや、人の目を引くデザインの設計のみを追求することに専念し、家庭内の事情まで立ち入りたくないからでしょう。建築家はこれらの社会問題から逃避することなく、住まいの物理的設計に加え、住む人達の精神的な和も考えてほしいと思います。

私の知り合いの何軒かの家庭には、ニートや不登校の子どもがいます。いずれの親も困り果てています。そして、彼らの住まいは大きく立派で、ある親は一流の企業に勤めています。ニートの方は、一般に言う一流の大学を卒業されました。彼は、家にばかりいられないのでしょう、夜薄暗くなると親から金をもらって遊びにいくそうです。

今はどこの家族もそうですが、核家族になり、あまり大きな住まいでは空間がかなり余っているのでないかと思います。

平安時代の後期、貴族の邸宅様式に「寝殿造《しんでんづくり》」がありました、寝殿造やその庭園の遺構は今はないのですが、公家の日記、絵巻物などの資料によると、敷地は約一町（一二〇メートル四方）で周囲には築地塀をめぐらし、東面と西面には四脚の立派な門があり、主殿である寝殿の左右やうしろには対の屋が配され、これらは互いに渡り廊下によって結ばれていました。このような住宅様式を寝殿造とよびます。主殿も家族の住まいである対の屋も広かったようです。

寝殿造りの前面には、平泉の毛越寺や、宇治の平等院のような、大池泉庭の園池があったようです。中島を配置し釣殿は池泉に突き出ており、園池では、舟遊びを行うなど贅沢この上もない邸宅だったようです。しかし、あまり住まう空間が広いゆえ、かえって使い勝手が悪く、なかには「空間恐怖症」の病になった者も出る始末で、しまいには渡り廊下に建具や家具で区切りを設け、寝食の場所を移したと聞いています。

私の勝手な解釈ですが、今問題のニートは、形こそ違え、家屋が広くなり、この空間恐怖症と似た病に関係があるのではと思ったりしています。なぜなら私の知る限り、ニートの多くが家屋の大きな家に生まれ、何不自由なことなく生活しているからです。

住まいを設計する建築家は、経営や目立つことばかりを追求するのではなく、家庭内の不和の問題や、ニートの多さを見過ごすべきではないと思います。厚生労働省の発表では、ニートの数は五十万ぐらいですが、潜在的ニートは少なく見積もっても百万は下らないと言われています。フリーターは働く意欲をまだ持っていますから、指導の余地はあります。

ニートの存在や、家庭内の不和の解消は、設計者や宗教家、あるいは教育者の双肩にかかっていると考えてもよいでしょう。私は過去、建築の教師を兼ねながら、その構造を専門にしてきました。これら社会的な問題を常々考えてきましたが、住宅の設計の機会があまりなく、過去住宅を設計した数は十指とあまりしかありません。が、今こそ若い住まいの設計者が、これらの解消に立ち上がって欲しいと思っています。

二〇〇八年一月十日

北島　進

◉目次

はじめに　3

私の少年時代と住まい……11

昭和三十年前後の一般家庭と、社会の現状　12
少年時代の私の家庭　16
人間の総合点評価は大差ないようです　25
ボンクラを良く育ててくれたのは仏様　31
天の川銀河と三途の川　41
仏壇前の姉の結婚祝い　50
六S運動と、オアシス運動　56

住まいづくりに貢献した建築家……61

清家清先生　トイレにドアのない私の家　62
ル・コルビュジェ　住まいは住むための機械　65

佐野利器先生　建築のデザインは芸者の化粧と同じ　71
フランク・ロイド・ライト　有機的建築と旧帝国ホテル　74
ブルノー・タウト　泣きたくなるほど美しい桂離宮　78
宮脇昭先生　鎮守の森に潜在自然植生がある　82

私の建築家への道　ボンクラでも努力することで社会貢献はできる ……… 87

小学低学年時代　先生の結婚はとても嬉しかった　88
小学高学年時代　国旗掲揚のラッパの音は澄み切っていました　97
工業学校時代　大濠公園の中ノ島に入れるのは、進駐軍と日本女性のみ　102
工業高等学校時代　人間万事塞翁が馬　109
聾学校教師時代　酒を飲んで来た生徒を褒められました　114
工業大学時代　偏差値より、夜学でも学べる大学を選びなさい　118
工業高等学校教師時代　教育公務員特例法の活用を望みます　126
親が勉強しなければ子どもも勉強しません　133

六十四機を撃墜した坂井三郎海軍中尉は努力の賜　138
大和魂は殴って生まれるものではない、馴れ合いも良くない　140
感謝する事は難しい　142
あとがき　146

私の少年時代と住まい

昭和三十年前後の一般家庭と、社会の現状

昭和三十年代の一般の家庭は貧しかった。やっと購入できた一台のテレビの前に家族の皆が集まり、無言でそれぞれの思いでドラマを観賞しながら座っていました。当時の私は、その沈黙した姿、それだけでも異様に感じたものです。

多くの家庭では今はその集まりさえもありません。住まいが広くなり、多くの家庭の子どもは当然自分の部屋を持ち、今や各部屋に一台のテレビがある家庭が多くなったのが実状です。

テレビも携帯電話で見られる時代になりました。子どもは楽しいでしょう。部屋に入ると誰からも干渉されずに、自分だけの思うままの行動ができ、友達とも携帯電話で話ができるし、すべての情報が手に入るのですから。

私は二十歳代の頃、昭和三十年代の後半でしたが、教師をしていました。

子どもは学校から帰り部屋に入ると、鍵を掛け、部屋を出るときも鍵をかける。それに、親とは一切話をしようとしませんと、生徒の母親が心配して学校に相談にこられたことがありました。

しかしこの生徒は学校では皆の人気者で、クラスではいつもおもしろいことばかり言っていました。たしか選挙でクラス委員に推薦されてもいましたし、成績も上位のほうでしたので、母親にはこうしたことを話し、何も心配のいらない一過性のものですから、あまり心配しないように伝えておきました。

当時の私が勤めていた時代の工業高校はとても優秀な生徒が多くいました。高度成長の時代で、技術者が求められ、早く技術を習得して社会に出て収入を得たい希望者が多かったからです。また、工学部のある大学が少なかったこともあります。

高校入学のための県内統一アチューブメントテストを見ても、建築科のクラスの二割の生徒は、楽に福岡市内の最もレベルの高い普通高校に進学できる点数を取っていました。このような生徒は、大手建築会社に入社し、何人も支店長になりました。でも、なかには高級住宅地に住み、成績はまあまあでしたが、学校では無口でなにを考えているか分からない者もいました。彼らの家庭には仏壇などはありませんでした。こんな生徒は、私のような単純な教師には扱いにくかったことを覚えています。

昭和三十年代の終わり頃、いろんな方からビルの骨組みの強度計算の依頼がありました。

私は勉強も兼ねて、こうした仕事をやっていましたが、ある大きなホテルの構造計算をしていた時のことです。

ある日の夜、このオーナの家に、打ち合わせの一人として私も訪問しました。この家庭では、二人の子どもの各々の部屋に電話が取り付けてありました、当時はまだ各家庭にテレビが一台あれば良い時代です。さすがに子ども室にはまだテレビはなかったと思いますが、それでも当時子ども部屋に一台の電話とは驚いたものです。

贅沢と言うより、子どもが自室で電話をしていると、親は子どもが何をやっているのか分からず、子どもの動向さえ分からないのではと思ったり、またこんな立派な家庭にいると、親と子のコミュニケーションが取れるのかなと、他人事ながら心配したものです。

このホテルはしばらくして倒産し、今は建て変わって別の用途に使われています。

以前、新聞紙上に載っていたあるバーの美人ママさんが、旦那や彼氏に保険を掛けた後、自殺を強要し保険金をだまし取った事件もありましたが、彼女も裕福な家庭で育った女性でした。おそらく子どもの頃は、子ども部屋には電話があり、勝手きままな生活をしていたのではと思います。

現在はテレビが一部屋に一台の時代だけでなく、さらにはパソコンがあり、ゲーム機がありです。Ｅメールや携帯電話でお互い連絡がとれます。

子どもだけでなく、夫婦の生活も見かけは一緒のようですが、旦那も自分の部屋に立てこもり、心の通じ合わなくなった分散した状態、世間で言う家庭内別居の状態になった家庭も多くなったようです。

お互い会話もなく、朝夕の食事の間だけでも家族が集まれば良い、といった家庭が多くなったように思います。こんな状態で、どうして家庭の絆が生まれましょうか。家庭内で考えられもしない事件が多くなるのも当然でしょう。

テレビと言えば、昭和二十八年頃の学生時代のころを思い出します。夜遅く学校からの帰り、床屋さんの前を通ったときです。道路には人だかりで、なんだろうと覗きますと、テレビが放映されています。聞けばこの時間帯にのみＮＨＫから放映されるとかでした。私の大学では文化祭の時は近くの方や、遠方の方やたくさんの方が見学にきました。とくに電気工学科はいつも満員の状態でした。理由は、某電機メーカーとタイアップして製作された、画面の大きさが葉書の面積より小さな、日本で最小のテレビが展示されていたからです。私も見ましたが、あまりの画面の小ささに当時は驚きました。

当時は、テレビについてはどの大学も企業とタイアップして、レベルアップを競っていたようです。

二十年程前でしたが、福岡のある大学での文化祭を楽しみにして、工学部の実験室を見学に行きましたら、どの工学科もシャッターが降りています。賑わっているのはカラオケとか模擬店ばかりでした。文化祭も様変わりしました。少し寂しい思いでした。

少年時代の私の家庭

私たちの年代の子どもの頃は、一般にどこの家庭も貧しかった。私の家も同様に貧しかった。兄弟姉妹が多く、家が狭いがゆえに、床の間の片隅に置いてある仏壇の見える部屋が食堂でした。食堂兼茶の間でもありました。二部屋の家で、夜はどちらも寝室になるのは当然です。

仏壇のある居間兼寝室には、大人でも六人ぐらいは楽に座れる大きな火鉢がありました。少しひびが入っていましたが、祖父が有田の窯元に特別に焼いて作ってもらったそうです。山河と一緒になった五人ほどの人物絵が描いてあります。人物絵の横には、中国の有名な孔子とか孟子などの聖人の名前が書き添えてありました。佐賀市の実家にあった物で、いまは貧乏ですが残ったのはこれだけだそうです。だからでしょうか、火鉢の上に乗って遊んだりするとおふくろが「罰があたるよ」と、とても怒っていました。

おふくろがよくこの火鉢を囲みいろんな話をしてくれました。親父が亡くなった後、長女から聞いて始めて知ったのですが、親父は四人兄弟の長男でした。醸造元の長男として若旦那だったのでしょう。若い頃株にはまり失敗し、倒産寸前に三人の弟に財産を分割し、本人も幾らかの財産で福岡市に転居してきたそうです。その時に持って来たのがこの火鉢だそうです。

私が高校生の頃、家の用で佐賀の実家に行きましたら、次男の叔父の家には酒蔵があり、三男は大きな米屋、四男の叔父の家は国道に面した味噌屋で、次男と三男の叔父は市会議員でした。私はそれを見て、単純に親父は商売が下手だったので、長男でもこの貧しい長屋に来ることになったんだと思っていました。

親父も株に凝って失敗したのがこたえたのでしょう。私たちが小さい時から父が亡くなるまで、勝負事、トランプ、碁並べ、将棋なども禁止、賭け事についてはとてもやかましく、これも禁止でした。ある時、弟と鉛筆で線を引き、碁並べをしただけでも取り上げ、丸めて裏の池に捨て、「賭け事をしよるとろくな人間にならん」と言って怒っていました。トランプを見たときは取り上げ、かまどで燃やしてしまいました。

家族の絆は、家の広さや便利さや、立派さには全く関係がありません。むしろ家の立派さや広さに反比例すると思います。そして、できれば家族団欒の部屋には、仏壇があれば良いと思うのです。仏壇の前で団欒し、暇なときでも良いので家の誰かが、仏壇に手を合わせればよいのです。子どもに強要することもありません、誰かが拝む姿を見せるだけで充分だと思っています。

誰でも親があり、先祖があります。この先祖を崇拝することが絆を強くすることにつながると思うのです。こうした日々が、明るく朗らかな家庭を築く一歩だと思うのです。

私が高校の教師時代に、受け持ちのクラスの保護者会でこんな話をしていた時、一人のお母さんが「私の主人の家は兄弟が多く、分家である私の家には仏壇はありません」と言われましたが、私は、そんな時は先祖の位牌をお寺さんで作っていただいたら良いと思うので、そのように申しました。

誰でも先祖はあるのですから、お寺さんに頼むのが面倒でしたら自分で拵えたらよいと思います。先祖のお位牌がいくらあっても、またどこにあっても畏敬の念を損なうことはないでしょう。神でも仏様でもその形は問いませんが、できますならば先祖に関係したものが良いのではと思っています。さいわい日本は多神教ですから、神様は自然の中にたくさんいます。とにかく子ども時代に、先祖への畏敬の念を持たせることが大切だと思うのです。

どこの国は一神教だとか、この国は多神教だとか申しますが、どの国も多神教に変わりはありません、どこの国だって豊作の時は豊穣の神に感謝しますし、森に入り樹を切るときは、森の精霊にまず祈りを捧げます。アンデスでもじゃが芋の種を蒔くときは、地酒を祈りながら大地に撒きます、収穫の時も同様に酒を撒き、感謝します。神仏はどこにも存在しています。

ヨーロッパでは「宗教を持たない者は、馬に乗っても手綱のないのに等しい」との諺があります。

私はこの歳になっても、恥ずかしながら無神論者に近いようです。だからといって神や仏を否定するものではありません。近年は家内と海外に旅行をしていますが、我ながらおかしなことに、出発前に家内に「飛行機が落ちないように仏様に拝んでおいてくれ」と頼みます。そして、飛行機の中で「拝んだや」と確認をします。「拝んできたよ」と聞けばなんだか安心するのです。

神仏には形や数値がないので、技術屋である私は、決まった宗教を持つことに納得できないのです。固定していない形や姿が見えないものを、なぜだか信仰するまでに至らないのです。困ったものですでも神や仏様の存在を誰よりも信じていると思います。今は海外に旅行する前だけは、卑怯ですけど命惜しさもあり、その時だけしか仏様の前に手をあわせませんので、いつも反省しています。

そういえば、親父も亡くなる七、八年も前から仏壇の前で、お経の本をよく読むようになっていました。時々「お経は良いことを書いてあるね」と呟いていました。

私の少し先輩から頂いた年賀状に「般若心経」を暗唱できるようになりました、と書いてありました。偉いですね。私はこの歳になっても、その境地の入り口までにも達しないので情けないと感じています。

私にも好きな文章があります、蓮如の「五帖御文」の「白骨の御文」です。

要約しますと、「人間のよるべない一生を心静かに思ってみれば、まことにはかなく、生から死まですべては幻のようなものである。人が一万年の寿命を生きたと言うことは聞いたことがない。いま誰が百年も生きることができようか（現在は百歳以上の方はざらにいますが、当時は七十歳が稀のようでした）。命の終わりを迎えるには、われが先か人が先か、今日か明日か。先に死ぬ人も生き残る人も、草木の根もとの滴や葉先の露のように、生死の別れ目は予想もつかない」という内容です。

されば、朝には紅顔ありて、夕には白骨となれる身なり。すでに無常の風きたりぬれば、すなはち、ふたつのまなこたちまちにとぢ、ひとつのいきながくたえぬれば、紅顔むなしく変じて、桃李のよそほひをうしないぬるときは、六親眷属あつまりてなげきかなしめども、更にその甲斐あるべからず。

夜半に荼毘にふせば白骨のみが残る。悲しいことこのうえもない。人の世は老少不定。早く後生の一大事を心にかけて、阿弥陀仏にお頼りして念仏申すべきである。

（「五帖御文」白骨の御文）

何回も書いて申し訳ありませんが、仏壇の前に家族みんなが集まることは、特に子どもの成長には最も大切なことだといつも考えています。特に子どもの頃は仏壇の前に座らせることだけでもよいでしょう。仏壇の前に座らなくても、仏壇の見える部屋にいるだけでも良いのでないかと思います。これは理論でありません、私の体験から確信しています。

先日、私と同じ考えを持った方と話ができました、この方は子どもさんの一人を亡くした方でした、今では大きな住まいに居られますが、お位牌は小さいながらでもダイニング・キッチンに安置して、亡くなった子どもさんといつも食事をしているとのことでした、特別仏間とか大きな仏壇は持っておらず、また、本人も豪華な仏壇なんかまったく考えたこともないということでした。

私の母は、朝のご飯ができると子どもにお供え物の「オウッパン（お仏飯、仏壇に供えるご飯）」をまず先祖の仏様に供えさせました。その時は、親の躾《しつけ》もあり、私も仏壇の前で手をあわせました。そうしていると、自然と仏壇の花の水替えや仏壇の掃除は私の日課になっていました。

これらの事を通して、誰でもが親を、先祖を、大切にする心が生まれるのでないのでしょうか。どこの家族も仏壇の前で皆が話しあってほしいといつも思います。それが生活の基本となり、素直な健康な子どもが成長していくのでないかと考えています。

住まいの建築家も、いたずらに高額な設計料の為に、設計面積の広さを求めたり、あまり意味もないデザイン美を追求したり、目立つ事ばかりを追わないで、そこに住む家族の成長を熟慮して設計してほしいと思うのです。表面だけを取り次ぐような設計から抜け出し、家族の内面に踏み込んだ設計に切り替えるべきでないかと思うのです。

今、政府がニート対策として、かなりの予算を計上し、何とかしようとしています。現実の政策は、担当者が、ニートと話し合いをするそうです。話す内容がどのようなものかは分かりませんが、話し合いで済むようでしたら、とっくにニートはいないでしょう。ニートをなくすのは政府の小手先ではダメです。格好だけを取り繕うような、立身出世のみを考えている教育者が多いなか、教育者でできる範囲は限られています。長い時間を要しても、もっと宗教家、建築家がタイアップしなくてはニートの根本的な解決はできないでしょう。

宗教家も自分のお寺や、檀家との調整や存続だけを考えるということでは、宗教が若者の心から離れていくような気がします。建築家も心の内面までも立ち入って設計していかなければ、設計者の地位も下がるでしょうし、軽薄な者としか写らないようになります。今、お互いが立ちあがらねば、近いうち日本の根幹が破壊すると思います。

私は建築家ですが、専門は地盤に適応した、地震に強いビルや煙突、橋梁の構造設計を専門にしてきました。それも教師と構造の勉強を兼ねての設計でしたから、住まいの設計は十指と幾らかしか経験がありません。でも住まいのあり方については、十分に理解しているつもりです。

建築雑誌や住まいを専門にする建築家の代表作をみると、床の間を中心にした座敷の豪華さだとか、設備を強調したものであったり、エコロジーや経済性とかを謳ったものばかりです。もちろん地球環境のことを考えること、これらを疎かにしてはなりません。またはほとんどが台所とか、居間や食堂の利便性とか、または設備がどうだとかの機能や、新材料の性能とその使用方法を重視したものばかりです。

新築披露などに参りますと、設計者はこの床柱を京都から取り寄せましたとか、この大きな床板は一枚物で、宮崎のどこの産ですとか、あるいは大理石の産地を自慢する方もいました。情けない限りです。

住まいの基本である、家族の団欒を重視するのは当然としても、人を尊敬する心の中心である、神様や仏様を住まいに取り入れたものは一度も見たことがありませんし、私の知る限りでは聞いたこともありません。あっても仏間の方位や大きさだとか、立派さとかを自慢したものばかりでした。なかにはあまり意味もない占いや、家相を中心にしたものもあります。

以前、友人の新築祝いに招かれたことがあります。昔の日本の民家の屋内には、必ずと言ってよいほど神棚や仏壇が設けられていました。この友人の家では、暗い一室を独立したものにし、そこには驚くほど立派な仏間があり、仏壇が安置してありました。暗い仏間にしたのは奥ゆかしさを持たせるためもあったようです。そこには、豊富な彫刻が金色燦然と輝く、豪華な仏壇が飾られていました。そして仏壇の位置は、上の廊下で人が踏みつけないように少しずらしたと説明されました。

私はこうした豪華な仏壇を設けるな、とは申しませんが、むしろこんな豪華な仏壇は家族の絆を損じてしまうのでないかと危惧しています。仏様もこんな豪華な仏壇を欲しがられることはないでしょう。

知り合いの一人が近頃、豪華な仏壇に取り替えられました。彼のおふくろさんが嫁いでこられて間もなくして大病され、半年程入院されました。その入院中の間、彼の父親と別の女性との間に生まれたのが彼です。それゆえ、義母になる今のおふくろさんが育てられました。

父親は随分前に亡くなられ、そのおふくろさんも近頃他界されました。近年営業上、周囲から認めてもらうためもあり、豪華な仏壇を設けられ皆に紹介されました。たしかに仕事で関係のある誰もが、仏壇を豪華なものにし「親を大切にされた立派な方」と噂しています。でも生前は老義母を、しばしば蹴ったり殴ったりもしていました。これなんかは誠意のない豪華な仏壇といえましょう。

人間の総合点評価は大差ないようです

若い頃、ある精神病院長の邸宅を設計した事があります。そこの院長が「人間は皆、それぞれ良いところと悪いところを持っています。障害を持っている人は、物事を根気よく成し遂げる粘り強さがあります」と話していたので、参考になるかなと思い、高等学校で教師をしていた当時、担当していたクラスの生徒五十人に対して、百の項目について客観的に評価したことがあります。例えば家庭について十項目、成績について十項目、パーソナリティーについて十項目、身体について十項目などで、合計百項目。評価の項目は全て私が考えました。

現在は個人情報の漏洩などの問題があり、生徒の家庭のことについて詳細な事柄を聞くことはできませんが、昭和三十年代までは、教育指導の名の下に何でも尋ねることができました。幸い建築科の生徒でしたから、製図の時間に自宅の平面図などをクラス全員に描かせました。もちろん、私の自宅の平面図の詳細図を渡し、見本として紹介しておきます。製図の練習にもなりますので、嫌がる生徒はいませんでした。何人かの生徒は、家は貧乏で、それも借家に住んでいるので、描きにくいと言う生徒もいました。そんな時は、将来こんな家に住みたいという家や、また今の家をこのように改築したいと思う図面を描けと求めました。ある生徒は寿司店の平面図を持ってきました。将来寿司屋になる時のために考えたそうです。

先日ある名簿をいただきましたら、番地の入っていない住所だけでした。もちろん電話番号なしです。個人情報の問題でしょうが、暮らし難くなりました。

当時、これらの調査について異論を唱える生徒も先生方もいません。そこで両親のこと

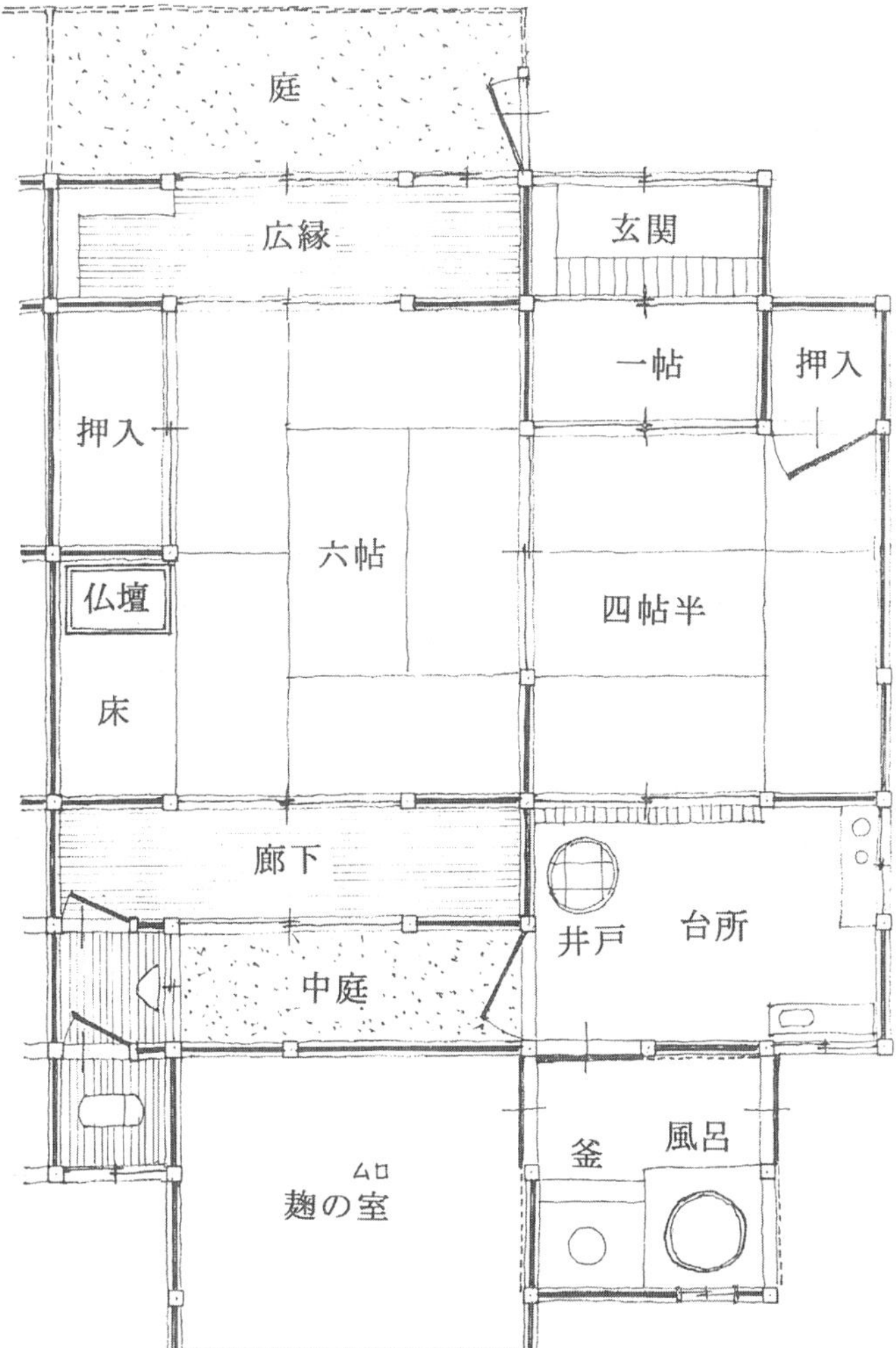

私の育った家の平面図。中心に仏壇があり、左右対称な二軒続きの長屋でした（麹室と風呂は別）。戦後、二軒長屋を買取り一軒に改築しました。

や、家庭の平面図の中で仏壇の存在まで、生徒一人ひとり呼んで、先ほどの百項目のうち分からない点など聞き取りました。

驚くことに、それらを総計し平均すると、良くて八十点、悪くても七十五点でした。点数は私なりに客観性を忠実に守ってつけました。裕福になればなるほど、その資産の保守に苦労するということを考えてください。人間には大差ないなと思います。

東京大震災当時の東京市長・後藤新平氏は、多くの財産を残して死ぬ者は「下」、財産はなくとも生涯皆の幸せのために仕事した者は「上」と言っています。後藤新平は東京の都市復興からボーイスカウト初代総裁はじめ、広く社会に貢献した人です。彼は死後かなりの借金があったので、家、財産の全てを売り払い、財産はまったくゼロだったそうです。

友人の弁護士が、子どもが親の遺産を巡って争うことの多さを嘆いていました。自宅は立派な家で、家族の絆も、何一つ問題はありません。が、親の死後、子どもたちがを財産分けで争うのです。弁護士はこの仕事をする時、とても嫌な気分になると言っていました。あまり財産を持つと、家庭の和やかさも絆も乱れてしまいます。

この調査で特筆されることは、当時は貧富の差が大きかったことです。家庭訪問をすると、市内でも一等地の住宅に住んでいる生徒もいれば、気の毒そうなみすぼらしい住まいにいる生徒もいます。こんな時は、家庭訪問で生徒に気の毒な思いもしました。

しかし、生徒の性格や品性は住まいには全然関係ありません。穏やかな生徒は、一般に貧困な家庭の生徒に多いようでしたが、中には貧しい家庭故に投げやりな者もいました。

私はもの心がついた頃から仏壇の掃除が日課でしたので、生徒の家庭の平面図と性格に特に注目してきました。そこで言えることは、家に神棚とか仏壇を設けてある家庭の生徒は、成績はまあまあでも、また家庭は貧しくとも、礼儀正しく信頼のおける性格を持っていることでした。また、彼らは一般に温厚な生徒が多かったように思います。

そして現在、家に仏壇がおいてあった温厚な生徒は、社会人として立派になっています。またそのほとんどは社会で大成し定年を迎えられています。

ただ成績さえ良ければとか、体は頑丈でスポーツ万能であるからとかだけでは、社会人になってからは大成していません。いろいろ問題があるのでしょう。もちろん、能力があっても勉強をしなかった生徒は、最初からうまくいっていません。

これからの話は、私の高校教師時代の事なので時効にしていただきたいと思います。実は私は、就職や大学進学時の内申書作成時は全員の生徒に対して、成績の悪い者はかなり良く、良い者はさらに良く書き直し、内申書を郵送する前には必ず生徒に見せていました。ちょっとした成績ぐらいで人の良し悪しは分からないといつも考えていましたので、人物の評価は何れも抜群の内容にしました。

三十歳代の時、私の知り合いで、生徒の就職の際にいつもお世話になっていた、中国地方の大手建築会社の社長が怒って学校に来られたことがありました。

「学校から出した推薦書」を持ってきて、社長は「優秀な生徒を推薦すると言いながら、こんなだらしない生徒を推薦するとは何事か。全国から毎年たくさんの者を採用しているが、こんな人物評価の推薦書をもらったのは初めてだ」と怒っています。

私もこの書類を見てびっくりしました。この推薦書を書いた先生はその生徒の担任で、この生徒によほど頭にきていたのでしょう。

この事があった時、思い出したのが、私の小学生時代でした。私は、小学生の低学年時代は特にボンクラで、先生からも両親からも怒られてばかりいました。表面の仕種だけで人を判断しては駄目です。

結局この生徒は採用されましたが、その後、彼が中年の頃に大手から引き抜かれて退社する時は、社員の皆さんから大変惜しまれたそうです。

就職斡旋で感心したこともたくさんありました。ある大手の会社に勤めている卒業生と会ったときの事です。夜、地下鉄工事近くの飲み屋でこの卒業生が言うには、一年近くお天道様を見ていないとのこと。

地下鉄工事のため働くことも、寝ることも全て地下の工事現場内だからだそうです。もちろん仕事が終わると地上に出てきますが、その時は日が暮れてネオンが点いてからになると話していました。彼は素直で素朴な方で、田舎からきている頑張り屋でした。学生時代は、朝は月を見ながら学校に来て、クラブ活動で練習した帰りは、田舎の駅に置いている自転車で家まで、星空を見ながら家路につくと言っていました。

勉強も良くしていましたが、定年前は北九州市の支店長になっていました。この生徒の家に担任として家庭訪問をしたことがありますが、居間には簡素な仏壇が置いてあり、朝夕は手を合わせて学校に登校しているそうです。家庭訪問した時、その仏壇の前で、私のボンクラな子どもの頃の話を生徒の両親と話したことを思い出しました。

ボンクラを良く育ててくれたのは仏様

私が小学校の低学年の時は、担任は女性の先生でした。この一年から四年生の間、勉強はしない、宿題はしない、先生の言うことは聞かないなどで、先生からも両親からも怒られてばかりでした。遊ぶばかりで、なにをしてもテンポが遅かったのもあるのでしょう。おふくろが、時々「お釜の蓋で頭を叩くよ」とか「馬鹿」と言って大きな声を出していました。横にいた親父は「馬鹿と言うたらいかん、馬鹿、馬鹿と言ったら、本当に馬鹿になる」とおふくろをたしなめていました。あの大きな釜の蓋で頭を叩かれると、頭が割れるのでないかと心配したものです。

小学校の四年の十二月に大東亜戦争が勃発しましたが、その年まで学芸会がありました。でも私は、この学芸会に一度も出してもらった事がありません。毎年秋頃になると嫌になります。夕ご飯の時、親父が今年は何かに出してもらえるのかとたずねます。もちろん出ないと答えると「勉強もせん、先生の言う事は聞かない、宿題もしない生徒を先生が好きになる訳がない。明日先生に頼んで、教科書の一ページでも読ましてもらえ」と叱ります。一度も出してもらえないことがとても悔しかったのでしょう。いつもこの時は泣きながら味もしないご飯を食べていました。親父の叱りが終わると、おふくろが、近所の誰君は今年は主役になるとか、誰誰さんは毎年出してもらっているとか、小言を言われました。

私は出してもらえないからといって、悔やんだことがありません、むしろ、いつも出してもらえない韓国人のA君、頭にいつもでき物があるB君、服の肘・膝にいつも穴のあいてるC君、チンチクリンの服を着ているK君、鼻水を出しているので両袖がピカピカに光っていたE君たちと朝から放課後まで、誰もいない運動場で遊べるのが楽しみでした。全校生徒は一五〇〇名以上いましたが、遊んでいる生徒はいつも私たちだけでした。

広々した運動場や砂場で遊ぶのは、本当に気持ちが良いものです。でもさすがに私たちも雨降りの時だけは困りました。行き場がありません。教室から見えないように、運動場の片隅にあった小さな道具置き場の庇《ひさし》に身を寄せ合って佇んでいましたが、横からの雨風で腰から下はびしょ濡れでした。皆だまって寂しさを感じていたようです。こんな出来事が今でも影響しているのかもしれません。映画は良く観ますが、今でも演劇や歌舞伎などは子どもの頃を思い出すのでしょう、鑑賞したくもないのです。困ったものです。

弟は私と違い、なぜか小学生から中学三年生まで級長とか副級長をしていました。走るのも速く、学校代表でよく陸上競技の大会に参加していました。また先生からも友人からも大変好かれていたようです。

私が四年生のときの学芸会で、弟は二年生で白虎隊に出演し、隊長として最後に自刃するという場面がありました。学芸会当日、母は早朝から鏡に着物姿を色々な角度で映しながら、とても楽しそうにしていました。私は小学生時代、おふくろを一度も楽しませたことがないのが残念でしたが、学芸会当日は私もなんだか嬉しくなり静かに観賞しました。

私が教師をしていたある宴席の時でした。弟の担任でした中学の先生が私のところに来られ、「私が退職する時、弟さんは、東京から飛行機で中学のクラス会に来てくれました」とお礼を言われました、先生から好かれていた理由が分かりました。

私の成績簿はいつも、「可、可、良下、可、良、不可、可、不可」です、でも一番下の図工は優でした。工作の先生は戦争帰りのやや年配の男の先生で、工作といっても当時は工作機械もないので、木の切れ端を、小さな小刀で削り、模型飛行機を作るだけのものですが、クラスで一番上手だったと少しうぬぼれていました。

「勉強せれ」と怒られると、きまって模型飛行機を作っていました。親父もおふくろも、なぜか、飛行機を作り出すと怒るのを止めました。親父がおふくろを慰めるために、少し悲しい声でしたが「勉強はしないけど、工作が好きだから大工にはなれる。でも大工は頭がいるからね」と言いながら、親父もやはり心配していました。でもこんなことも語っていました。大工の嫁さんになるには三代かかる、と言われるくらいです。その訳は、「昔から大工の社会的な地位が高いので、私は嫁になれなかったが、孫の代くらいにはなんとかなるだろう」ということです。

数十年前、ある有名な週刊誌にこのような記事が載っていました。ヨーロッパの少年に、将来どんな人物になりたいかを尋ねた統計です。一位は建築家、二位は医者、三位は弁護士の順でした。そういえばこのIT時代でも、数年前の文部科学省の全国小学生アンケートでは、なりたい職業の第一位は大工さんでした。

一つも勉強もせずおふくろには心配ばかりかけていましたが、私には良い躾《しつけ》をしてくれました。家は二軒長屋のうちの一軒で、床の間の一隅に小さな仏壇があり、先祖の簡単なお位牌がありました。

私の日課は、まず朝起きると仏壇の掃除をして、仏壇の両側に置いてある花瓶の水替えをします。それから蜀台に似た小さなお供え皿にお仏飯をあげていました。そして、朝の食事の前に家の周りの掃除をします。狭い家でしたが、麹屋でしたから結構掃除には時間がかかりました。掃除が終わるとバタバタとご飯を食べ、自分で梅干か、塩昆布だけの簡単なおかずで弁当を詰めて学校に行っていました。

私の兄は熊本にあった逓信学校の高等科を出たこともあって、二年ほどの兵役延期になり、福岡県の中央に位置する大刀洗の航空隊に通信兵として徴兵されたのは、終戦直前の八月一日でした。当時、私は木材で航空機を造る工業学校の二年に在籍していて、工場へ学徒動員中でした。

兄が入隊する二日ほど前の日、両親とも戦死して帰ってくると思っていたのでしょう、箱崎八幡宮の近くの写真屋に、兄と弟との三人で記念写真を撮りに行かせました。

兄が入隊して間もなくのある日、おふくろが、床の間の隅にありました仏壇に一所懸命手を合わせています。普段は線香を焚いてせいぜい一分も拝んでいたでしょうか、この日は三十分ぐらいのように感じました。お祈りが終わった後、私が何気なく、「なにを拝んでいるの」と聞きますと、母は戦争に行った兄や親戚の皆が、無事でいられるよう仏様に頼んだと言っていました。さらにその後、「この家の関係者は戦死なんかする者はいない」と言ったのを覚えています。

母が結婚し、まだ佐賀市に住んでいた頃は、家族や使用人の朝食に大きなお釜でご飯を炊きますと、毎日必ず大きなお握りを何個か作り、裏の近くにあった川まで行き、盆板に紐を付けて流していたそうです。川の向こうで貧しい人々が手を合わせて待ち受けていたということでした。

母が言うには、そんな優しい祖母の関係者が戦死することなどないということでした祖母の優しさゆえか、偶然かは分かりませんが、終戦の二カ月後、兄は航空隊での残務整理が終わったといって帰ってきました。ちょうど夕食時で、兄は前よりも逞しくなって帰ってきました。その夜はおふくろは仏壇の前でしばらく泣いていました。

親父やおふくろの親戚関係の中で、親類の誰一人として戦死、戦傷者がいなかったようです。従姉《いとこ》の夫は海軍兵学校を出た回天特攻隊でしたが、突入数日前に敗戦になりましたし、親父の末の弟も中国の戦場に赴いていましたが、終戦になりしばらくして無事帰国しました。

我が家は福岡にきてから数回の引っ越しをしています。まず、佐賀市から福岡市の中洲に移り住み、米屋をしていたようですが、親父の病気がひどくなり随分苦労したようです。中洲の中心街で商売をするのは難しかったのでしょう。中洲よりやや離れた呉服町近くの蓮池に移っています。ここにはお寺が多くありますが、あるお寺の隣りの借家で、特に家賃の安い借家に移っています。

そこは、地下室もある立派な家だったそうですが、幽霊が出ると噂のある家で、家賃は超廉価だったそうです。親父は、この時代に幽霊なんて出ることがあるものかと移り住んだそうですが、夜になると怖くなるので、それから毎夜、百ワットの電球を幾つもつけていたそうです。一年もして幽霊がでないことが分かると、いきなり十倍の家賃を請求され、怒ってそこも出て、次に元寇と神風で有名な箱崎八幡宮の近くに移りました。そこも病気と商売の難しさから、郊外に近いこの二軒長屋の一軒に転居してきたのです。

私が教師をしていたまだ若い頃のことです。クラスの生徒がある事件を起しました。学校の処分が終った夜、その父親が私の自宅に迷惑をかけたとお詫びに来られたことがあります。帰り際にその父親が、この家は先生の持ち家ですかと尋ねられたので、そうですと答えますと、「ここは環境がよくないから家を売って早く転居しなさい、こんな所にいると先生が変な人間と疑われますよ」と言われたことがありました。こんな忠告は初めてだったので、非常に驚きました。

小学生の頃に転居して来た当時は、郊外でのんびりした所といった感じでした。自宅の裏には大小の池があり、大きな池はやや瓢箪形の池で、長さが二〇〇メートル以上はあり、夏になると小さな池は蓮の花で一杯でした。あの美しい蓮の花を見ていると、おふくろがよく話していた極楽の様でもありました。

ところが、戦時中から蒸気機関車の石炭の燃え殻での埋め立てが始まりました。石炭を燃やしますと、十二パーセントの燃え殻が出るのです。この燃え殻を北部九州から一気に集めて来たのでしょう、一年ぐらいであの大きな二つの池が埋め立てられてしまいました。

そこに国鉄の機関庫が拡張され、時には蒸気機関車が二十台ぐらい常駐するようになりました。この蒸気機関車が稼働するまでの間、どんどん石炭を炊きます。

すると、黒煙が家の中に吹き込み、北風の吹くときは家の中がトンネルのようでした。一帯の家庭は、煤が飛んできて干し物にかかり困っていました。このあたりの雀は煤のためは少し黒いと噂が立ったぐらいです。

こんなわけでこの地域の住環境が著しく悪くなり、市内の吹き溜まりと言われるようになってしまいました。今その近くを新幹線が走っています。

私は、今でも機関車を見るとトンネルの中にいたようなあの頃を思い出します。多くの人は、力強く迫力のある、鉄の塊の蒸気機関車を見ると勇気が沸くそうです。マニアは楽しそうに写真を撮られますが、私はトンネルの中で煤に出合ったようなことだけしか思い出せません。

「孟母三遷の教え」というのがあります。中国の戦国時代の儒学者であり、性善説を主張した思想家である孟子が幼少の頃、墓の近所に住んでいると、近所の子どもたちと埋葬の真似ばかりして遊び、市場の近くに転居すると、今度は売買の真似ばかりするので、お母さんが困りはて、学校のそばに移り、やっと勉学に励むようになったという話です。中国の『列女伝』に出てくる話で、子どもの教育の為には環境を整えることが大切だということの譬《たと》えです。

たしかに私がいた住居は吹き溜まりかも知れませんが、低学年時はどうしようもなかった私が、小学六年生になって急激に心変わりしたのを思えば、決して人は住まう環境には影響されないということが分かります。重要なのは指導者の誠実な気質と誠の心です。六年生で素晴らしい担任の先生と会う事ができ、また、低学年の担任の女の先生が怒ってくれなかったら、その後努力することもできなかったかもしれません。こんな事を考えると、孟子のお母さんは自尊心の強い、口やかましい女性だったのですね。

私は、勉強はしませんでしたが、小学校に入る頃からの仏壇と家の掃除が、後々までもまたとない教えをくれたと感謝しています。


過去、私は教師をしながらでしたが、建物の構造計算の仕事をしました。ある時など、一睡もしないで二日、三日の徹夜が続いたりしましたが、約束の期日を破ることは一度もありませんでした。もちろん、学校の勤務を休むこともありません。

この構造計算は、今でこそコンピュータで苦もなくできるようになりましたが、以前は順序良く力学の整理をしていかねばできませんでした。

その整理は、混雑している部屋を整頓し掃除するのと似ています。おふくろから毎朝、仏壇や家の中を清掃させられたことが、構造計算をする時にとても役にたつ力になったと思います。混雑している部屋を整頓し掃除することはとても頭がいるのです。親父はいつも、掃除には数学の頭がいると言っていましたが、この構造計算は、力学を整理しながら計算するのですから、少し大きなビルですと「構造計算書」は百ページから二百ページにもなります。

継続して努力することは、なんの躾でも、子ども時代に叩きこむことが大切です。

近年問題になった耐震偽装の問題は、複雑な構造計算の内容をコンピュータでやっていた事も原因の一つです。コンピュータを扱うことのできる方なら、少し構造の概要を勉強すれば誰にだってできるようになりました。それ故、逆にこのコンピュータがブラックボックスになったのです。しかし、この偽装はそれ以上に、コンピュータを扱う者のモラルがなかったのは言うまでもありません。

この耐震偽装の問題は本人のモラルのなさは当然としても、この計算書の内容を長い間審査できなかった役人の勉強不足に大きな責任があります。長いこと権力の地位にいると、人は怠慢になるようです。間違いありません。社保庁などの省庁の怠慢や汚職の事柄が如実に物語っています。

天の川銀河と三途の川

時々私に、宗派は何宗かとたずねる方がいます。その時はいつも「私の宗教は天文学です」と答えています。考えても見てください。われわれの住むこの太陽系を物理的にみますと、宇宙に漂うガスが固まり、小さな微惑星ができ、その微惑星の集合体が渦を巻くようになり、中心に恒星である太陽ができました。

その太陽を中心にして、その周辺にあった微惑星がそれぞれの位置で結合して、火星、金星、地球などそれぞれの惑星などができました。原始地球ができたのは、今から四十六億年前です。惑星になれなかった月は、当時地球の近くにあったので、今の六倍の大きさに見えたそうです、その後、月は、年に三、四センチぐらいずつ地球から離れ、今の大きさに見えるようになったようです。将来はもっと小さく豆粒ぐらいに見えることでしょう。

原始地球ができて以来、その間地球は少しずつ放射冷却しています。地球の周囲にあった気体も冷却し、雨になり、深く広い海になりました。

地球内部も対流が生じ地球が磁気化し、また大陸も幾つかに分断されたり合体したりして、地球上にも山脈や海溝ができ、様々な変化をもたらしています。

陸地からは雨によって様々な地上の物質が流れ込み、紫外線の通らない海には微生物や藻類が繁殖し、それら藻類からは酸素が排出され、大気にはやがて酸素が二一パーセントにもなりました。

上層部に「オゾン」ができ、そのおかげで海の動植物が海中から陸地に上陸し、ついには恐竜が大生息するようになりました。

しかし、やや大きな隕石が地球に衝突し、大型の恐竜は絶滅し、それまでほそぼそと生息していた哺乳動物が進化し、やっと人間が生存するようになりました。何回もの温暖化や氷河期などを経て今日に至っています。

地球の歴史を一年のカレンダーに換算してみましょう。原始地球の誕生を一月一日とすると、人間がやっと後ろ足歩行を始めたのが。五百万年ほど前ですから、人類の誕生は、大晦日で除夜の鐘のなる前の、二時間前頃になります。

地球誕生以来、その間に全地球が凍りついて雪のボールのようになったり、大気の平均気温も今よりずっと暖かくなったりしながら今日に至りました。その間、陸地も地球内の地熱の対流で少しずつ移動しています。植物が地上に現われてきたのは、わずか四億年前ですから、カレンダーに直しますと十二月に入ってからになり、恐竜がとても繁栄したのは一億年まえですから十二月下旬以降です。

考古学によれば、今から数万年前にやっと、人を弔う儀式が生れたようです、所謂除夜の鐘の鳴る数分前のことです。参考に申しますと、最後の氷河期が終わったのは、今から僅か一万二千年前です。地球誕生からのスパンで考えた時、宗教観について考えるのはとても大切なことですが、宗派にこだわる理由がどこにありますか。

この地球も、太陽の核爆発の残り滓《かす》がたまり、太陽自身が大きくなると、太陽に地球が飲み込まれ、最後には太陽自身からガスが放出され、小さな白色矮星《はくしょくわいせい》になります、当然地球はそのずっとずっと前に跡形もありません。近頃は空気も汚れ、都市の夜空も真の暗闇がなくなりました。

以前ポルトガルに旅行しました。それは、若い頃にある詩集を読み、そのなかに「陸は尽き、海始まる」という一行があり、、ユーラシア大陸の最西端ロカ岬に立ってみたかったからです。

このロカ岬に行く時、タクシーの運転手が「近頃の夜空は星が見えにくくなりました」と言っていたのがとても印象に残っています。地球の空気も周囲の大気圏外も、少しずつですが濁ってきているのですね。

こんな夜空であまり美しくはありませんが、夜の空を見てください。星がたくさん瞬《また》いています。直径十万光年（光の速さで十万年かかる）の天の川銀河の中に、私たちが住む太陽のような恒星が二千億個あると観測されています。太陽系の中心には太陽があります。太陽系も大きく、端から端まで光の速さで十時間ほどかかります。さらに直径十万光年から二十万光年もある、我々が住むこの天の川銀河のような同じ銀河が、宇宙全体には二五〇〇億個と観測されています。

ビッグバンにより宇宙が広がりつつありますが、その最縁距離の深宇宙までの距離は一二〇億光年先というのが天文学の常識です。

数年前のことです。八十億光年先の星が観測されたと新聞で報道されていました。天文学者の説では、近いうち銀河全体の宇宙地図が完成し、ビッグバンの爆発理由が解明されるそうです、楽しみにしています。

私たちは、こんな空間と時間の中に存在しています。

私が高校の夜学で学んだ『論語』で、孔子が弟子から「死後」のことをたずねられた時「未だ生を知らず。いずくんぞ死を知らん」と答えたとありました。「死後」をネタに「これを買わなければ悪縁は尽きないとか、死後必ず地獄に堕ちる」などと言って、人を脅かす宗教もどきものが溢れているから用心しなさいと言われたことがあります。いたずらに不安に陥らぬように心がけなさい、と教えていました。

今は故人になりましたが、数年前、日本のある名高い女性占い師が、ある日のテレビで、イタリアのサン・ピエトロ大聖堂の入り口に立ち、聖堂内の隅をみて「魂がうようよしています」と、さも見えるように語っていたことがあります。なんとおもしろいことを言う人だなと思っていましたが、金儲けのため、人の心をもてあそぶ事はやめてもらいたいたいですよね。民放ではよくこんな番組を組んでいます。視聴率を上げる為でしょうが、民放のディレクターの見識を疑います。

死後の事など考えていますと、おふくろがよく三途の川や賽の河原の話をしていたのを思い出します。大きな火鉢を、おふくろや末の姉と弟、そして私が囲み、母は金火箸で火鉢の灰を平らにしながら何本かの線を描き、こんな話をしていました。

賽の河原は限りなく広く、三途の川は幾重にも流れていて、ここにはいつも薄暗く寒い風が吹き、ときおり小雪がちらついたりします。それに、いつも靄がかかり、先もまったく見えないそうです。

賽の河原は小石ばかりで、ある川は氷のように冷たく、とても広い血の池もあれば、熱くて渡れそうもない川もあり、それを渡らなければ極楽行けないと言っていました。賽の河原の小石ばかりのところを裸足で歩くので、足からは血が出てとても痛くなります。

母は赤く燃えている木炭を火の山にみたて、こんな火の山もあっちこっちにあるとか言っていました。

この世で死ねば、一度は皆この地獄に行きますが、この世で嘘をいったり、人の物を盗んだり、人を叩いたりしなかった者だけを河原の途中、如来様が舟に乗せてくれると言います。如来様は、この世でしたことはどんなことでも分かるんです。ここは地獄だからいくら苦しくて咽が渇くとも、足から血が流れても、これ以上死ぬこともできないとも言っていました。

そして母は、お寺やお宮の前を通る時はちゃんとおじきをしなさい、電車やバスに乗っている時は、座ったままで良いので、心の中でおじきをしなさい、そんな人だけをお如来様が助けてくれます、と言うのです。

また、おふくろが糸を、火鉢の上から下げながらこんな事を言っていました。

ある時、天上におられる仏様が、あまりにも苦しむ可哀想な罪人を助けようと、このように細い糸のようなものを賽の河原に下げ、上に登って来るようにしてあげますと、悪いことばかりをしてきた者は、この河原でも自分のことばかりを考えるので、たくさんの者がわれ先に糸に登ってきます。後の者は前の者の足を引っ張って落としてでも登ってきます。先の者は後の者を蹴って落とします。仏様も地上以上の醜い争いに嫌悪感がいっぱいになり、血の池の上で糸を離されたそうです。

こんな話を火鉢を囲みながら、如来様が三途の川で早く舟に乗せて極楽に連れて行ってくれるように、嘘を言ったり、人のものを盗ったり、喧嘩をしたりしてはいけないと、話していました。

極楽は、蓮の花がいつも一杯咲いて、その周囲にはきれいな花が咲き乱れ、とても良い香りがし、暖かい風がどこからか来るそうです。喉が渇いたときは、池の水を飲むとこれがまたとても美味しく、この水を飲むとみんな元気になります。だから皆この極楽に一所懸命歩いて行くとか。でもいくら賽の河原を歩いても、三途の川を渡ってもだめで、如来様から舟に乗せてもらわないと極楽には決して行けないそうです。

子どもの頃のこんな話は、大学などで偉そうな学者から倫理学とか、道徳を学ぶより遥かに人間を育てるのではないかと思います。物理的なものと精神的なものを併せて考えるのも全くナンセンスですけれど、もし死後の世界があるならば、銀河の中にあるのではないかと思ったりしています。銀河の無限の広さと、おふくろが話していた何十もの三途の川が流れている賽の河原の果てしもない広い雰囲気が良く似ているからです。

福岡市には、元寇を迎え撃った博多湾の浜辺に箱崎八幡宮があり、正門には「敵国降伏」の額縁が飾られています。亀山天皇が「敵国降伏」を祈願したお宮でも有名です。前の大戦の開戦当初、陸軍大臣で総理大臣でもあった方が、戦勝祈願のため、わざわざこのお宮に来られました。

ここは、秋に「放生会」のお祭りがありますが、その浜辺の広場にテント張りのお化け屋敷や見世物小屋がたくさん並んでいました。子どもの頃、よく観に行きましたが、店の入り口に張ってある大きな布には地獄の様子や、閻魔大王様が嘘をついた人間の舌を火に焼けた挟み物で抜いている絵や、針の山を歩かされている様子がいくつも飾られていました。あれを見ますと、嘘を言っては恐ろしいことになると思いながら見ていたものです。

見世物小屋の中には「覗き」もありました。覗き特有の節のついた歌を聞きながら、やや大きなレンズの穴から覗くと紙芝居で色々な物語が観られます。熱海の海岸で、女の人を下駄で蹴飛ばす場面を今でも思い出します。当時話の内容もよく分かりませんでしたが、女の人を下駄で蹴ったりしてはいけないないと思ったものです。

これら極楽や地獄の話をするには、先祖を安置している仏壇の前が最適です。その仏壇を置く部屋、それも豪華な仏間でなく、台所か茶の間でよいと思います。

住まいを設計する建築家も、家族団欒の空間の一部にこれらを置くように勧めていただければと願っています。きっとニートや家庭の不和はなくなりますよ。

人の動く動線や便利さだけの機能とか、あまり意味もない家相を論じたり、また、新建材を自慢しても、また〝エコ〟の効果だけを論じても、これからの家族関係はうまくいかないでしょう。

また、中東の宗教戦争や世界の紛争を聞く度に、私はいつも人類は原点に帰れないものかと思います。世界の誰しもが、もし大宇宙の広さのことを考えることができるとすれば、戦争の愚かさや、争いが些細な事であることを知り、お互い助けあえる愛を理解できるのではないかと思っています。

やっと近年になって地球を宇宙から見ることができ、地球が広大な宇宙の一つの小さな揺篭であることが広く認識されるようになりました。また深宇宙も観測されるようになりました。近年、高層の大気にあるオゾン層の破壊と地球の温暖化もあいまって、地球がまたとない惑星であり、天の川の一部であることが知られるようになりました。この小さな地球での戦争があまり意味のないことが、少しずつでも分かってきているのでないかと思います。

中東の戦争は、宗教戦争と言うよりも、各国の民族の生活格差の戦争だと思います。宗教にかこつけて争いが絶えませんが、あらゆる戦争は豊かさを求める経済戦争だと思います。そこで早く食料や、資源が、資産が分配され生活格差がなくなることを祈っています。

仏壇前の姉の結婚祝い

食料がなくなると人間は貧しくなるものです、限られた地球の資源と、増加する人口を考える時、政治とか、経済や、倫理だけで、これらを解決することは不可能でしょう。宗派の違いを誇るだけの宗教ではなく、互助精神の宗教的な指導こそが必要となるのではないのでしょうか。

戦時中、当時は「贅沢は敵」といって、衣類も煙草も酒も配給でした。もちろん穀類の食料品はとっくに配給制度になっていました。私の二番目の姉が、縁あって博多から遠い四国の松山の技術屋さんに嫁ぐことになりました。親父はどこで工面したのか、知り合いを駆け巡ったのでしょう、隣組の十五、十六軒あまりを狭い家に招待し、食事会を催したことがありました。

当時のことですから派手さはありませんでしたが、皆、今の結婚式の何十倍も喜んで帰りました。この時代ですから一般に結婚といっても家族だけでお祝いをする程度で、皆を迎えて祝いをする家庭は近くではありませんでした。帰り際、一人一人仏壇に手を合わせて帰られたことをよく覚えています。当時は貧しかったけど、皆が心からお礼と感謝する気持ちを持ち合わせていたような気がします。

長女の姉はその後半年あまりで軍人と結婚しましたが、当時はいよいよ食糧難の時代になっていましたので、近所の方に祝っていただくこともできなく、身内の者だけ集まっての祝いでした。

この姉はとても品がよくて、弟たちに勉強はもちろん、仏様の拝み方や、神社のお参りの仕方を教えたり、市内の有名なお宮やお寺さんによく連れて行ってくれました。福岡市の西区に、博多湾に少し突き出した、六〇メートルぐらいの小高い山があります。山頂に

「愛宕神社」があり、山の傍には清流で名高い室見川が流れています。春先には白魚がとれ、山は数千本の桜の名所でもあります。戦前にはケーブルカーもありましたが、鉄不足と贅沢の排除から、戦争前に取り払われました。姉は愛宕山のケーブルに、弟と私を何回か連れていってくれました。いまはこのケーブルの存在を知る方も少なくなりました。

また、女学校時代にいろんな方からたくさんのラブレターを貰っていただけあって、嫁に行った後も、店に来られた何人もの年配の男の方が、姉のことをたずねていました。

私の家は若い女性の社交場ではなかったかと思います。次姉は女学校を卒業のあと、和裁で知り合いの着物をいつも忙しく縫っていました。若くして嫁ぎましたが、嫁ぎ先の松山でも、亡くなるまで和裁を続けていたようです。

三女の姉は女学校を卒業すると結婚するまで、これまた家で洋裁を営んでいました。夕食が終わる頃になりますと、毎日、近所の娘さんやその友達が狭い玄関にたくさん来られ、洋装のデザインとか寸法取り、生地の模様や細部の打ち合わせをしていました。

当時珍しかったコーヒーや紅茶を、姉の友人で進駐軍専用の売店に勤めている女学校の友人から安く手に入れていました。皆は、映画や芝居の話から食料難の話、果ては仏教やキリスト教に至るまでいろんな話をします。ある娘さんは教会に行かれているのでしょう、時々賛美歌を教えていました。テレビもない時代でしたから、それらがすべて襖越しによく聞こえるのです。十時頃になると遠方の方は、お父さんや兄さんたちが迎えにこられまして、楽しそうに帰って行かれました。お陰さまで娘さん達のしっかりした考え方がとても勉強になりました。

当時は、今のような派手な店舗に既製服を陳列しているのをほとんど見かけませんでした。大方がお客さんの要望に応じて誂えていたようです。既製服のずらりと陳列している今の店舗や量販店を見ると、お客さんとのコミュニケーションも少なくなっているように感じます。外国から安く多量な既製品が入ってきますから、仕方がないことです。世の中も寂しくなりました。

第二次世界大戦中と戦後しばらくは、日本人のほとんどが食糧に困っていました。戦時中は国策上食糧の配給はまだましでしたが、戦後の混乱期になってからの配給はほんの微々たるもので、米国の救援物資に頼っていたのが現状でした。農村に買出しに行ける人はまだ良い方で、多数の家族がいて交換できる物のない人はとても困っていたようです。裁判官の方だったと思いますが、少ない配給品だけの食料で生活を賄っていたので、栄養失調で亡くなられました。

ある日、友人の家に遊びに行ったことがありました。友人の小さな妹さんが隣の部屋でいつまでも小さな声で泣いています。あまりに長い時間だったので友人にたずねますと、お腹がすいて泣いているとのこと。今でもあの泣き声が聞こえてきます。

戦争の終わり頃、かつて親父が世話をした知り合いの方からお礼にと、じゃが芋をカマスに七個ぐらい、馬車で届けられた事があります（カマスとは、穀物を入れるための藁で編んだ大きな袋のこと。一袋五十キログラムぐらい入る）。親父は、このじゃが芋のいくつかを仏壇にお供えした後、少しずつですが町内の五十から六十軒の各家に天秤で量り、漏れなく配りました。配った後のことです、隣の町内の方がきて、少し分けてくださいとこられました。家にはあといくつもないじゃが芋でしたが、お供え物から少し分けていました。

私は今の中学二年当時でしたが、家でも食べるものがないのに、そんなにしなくてもと思って見ていました。最も食料の少ない時代の親父のこの行為、立派だったといつも思い出します。今の私ではできそうもありません。

神戸の中華街を歩いたある日、あるラーメン屋には十五人ばかりの若者が並んでいましたが、二軒ほど先のラーメン屋は、がら空きでした。少しの味の良し悪しくらいでなぜ、と思うと、これまた贅沢さに腹が立って仕方がありませんでした。

外国の方々が日本のレストランに来ると、食べ残しが多いのを見て非常に驚くようです。戦時中はどんなに空腹の時でも、早朝から二時間待って卵一個がやっと手に入るという状況でした。それでも後で考えると、このお店の方は貴重な卵をよく売ってくれたと思います。自分の家族分の食料を手に入れるだけで精一杯の時代に、皆の為に、特定の農家から買い寄せしていたと聞きました。今でもこの店の前を通る時は頭が下がります。福岡市の東公園には日蓮様の大きな銅像や、亀山天皇様の銅像、そして福岡県庁があります。この近くを通ったときのこと、その卵を売ってくれた家だけ、細いけど飛びぬけて高いビルになっていました。今はどなたが住んでいるか知りませんが、なんだか嬉しくなりました。まさに「積善の家には必ず余慶あり」です。

戦争の終わる一年前、市内の真ん中に雑炊を売ってくれるお店がありました。午後五時に開店なのですが、二時間も三時間も前から並びはじめ、開店時には毎回三百人はいたと思います。買えるのは一人一杯だけです。もちろん立ち食いです。しかしこの店も食糧不足のために二カ月ぐらいで閉店になりました。この雑炊はほんとうに美味しかったです。戦争の始め頃、動物園が閉園になり「河馬の肉」による雑炊の炊き出しがありましたが、たしかこの店だったと思います。炊き出しの予告が新聞に載っていたのを思い出しました。

現在、日本の食糧自給率は四〇パーセント前後といわれています。今、外国から食糧が入らなくなったらどうなるでしょう。石油不足くらいの問題ではありません。数十年前のオイルショックで国民は多少肝を冷やしましたが、これなどはまだ論ずるにたりません。

私のような高齢者たちは、戦後の時代をよく知っていますが、贅沢三昧を知った現代人はパニックになる事は間違いありません。宗教家もいずれくる食料の困難の時代のため、今からでも、なんらかのできる活動をしても良いのではと思っています。先の大戦前の時代でも、宗教家は戦争を抑止するとか、戦後の混乱の時代にも社会を救済するとか、全宗教界として何かをしたのでしょうか。今考えても見当たりません。

死者を弔うことは崇高な行いです。我々凡人にはできません。でも食料の問題でも、環境の問題でも、世界中の格差社会の問題でも、いよいよ混乱の渦の中に人々が取り込まれようとしている時、お寺さんは弔う事だけで終わってはいけないでしょう。

六S運動と、オアシス運動

私は神経質でも、細かい事を言う人間でもないと自負していますが、どちらかというと少し「おおざっぱ」な人間のようです。私の車は一年中水洗いしません。雨が結構洗ってくれるからです。以前勤めていた学校で、汚れワーストワンの車はいつも私の車でした。ただしガラス部分だけは安全上良く拭きますし、半年点検ではなく、四カ月点検を欠かせたことはありません。もちろん安全のための保険金は無制限です。

最近、本当だろうかと思うような内容のテレビ番組を何度か見たことがあります。若い女性が自分の部屋にゴミが重なり、自分で整理できず、業者に整理してもらっている映像です。毎日、ゴミの中で暮らしているのです。これが驚きでなくて何でしょう。

現代の生活は余りにも合理化され便利になりました。トイレだって室内はオールタイルだし、家具もコンパクトで綺麗になりました。ある女優さんが掃除をしないのを自慢していましたが、こんな時代になったので整理整頓は縁遠いものになったのかもしれません。

私は工業高校で材料・構造の実験を主に指導してきました。その関係で退職後も教師不足などで、いろんな工業高校から非常勤講師の依頼がありました。ある工業高校でのことですが、驚きました。広い立派な実習室に、なんでもかんでも積み上げられています。倉庫でもこんなにしません。実習室ですから鋸くずやセメントの粉、埃が床や棚にはいっぱいです。床には隅の方に作業用靴や作業服がばらばらに散らかっています。最も危ないと感じたのは、コンクリート混練用で広さ一メートル四方の鉄板製の蓋のない箱に、深さ半分ぐらいに機械オイルが入っていたことです。近くには溶接機がいくつかあります。

製図室も同じでした。製図机がバラバラの方向をむいています。硝子戸の中は、なんやら必要もないものがいっぱいです。ある実験室の小部屋には漫画本が山ほど床に散らかっています。整理棚がないからです。先の女性の部屋を思い出しました。この漫画本を一部燃やしたら怒られてしまいました。漫画といっても『三国志』などでしたから、内容については立派なものです。非常勤で行く度に、まず余った木材で独立棚をたくさん作ることから始めました。生徒が何人か自ら手伝ってくれて、ある生徒は、中学のときは掃除だけは随分と鍛えられましたと言って喜んで手伝ってくれました。

以前、勤めていた学校では、実験が終わるといつも諸注意をします。その時に「お前たちが嫁さんをもらう時、掃除のできない女性を貰ったら一生不幸になるから注意しとけ」とよく言っていました。するとある時一人の生徒が「私のカーチャンが掃除せんとです」と言いました。この時は何と言ってよいか戸惑っていましたら、生徒自ら「私がいつも代わりに掃除しています」と少し困ったように答えていました。

建設現場での安全管理で最も大切なことは、まず「六S運動」を徹底して守ることです。六Sとは「整理・整頓・清掃・清潔・躾・習慣」のローマ字スペルの頭文字です。これは現場主任か、現場所長の管理責任になっています。ある会社では、現場の終わった後に社長が視察にきて、この六Sの項目を順に採点します。この六S運動の実践は安全面だけではなく、品質管理や工程管理にも影響します。また作業する者全員の心を引き締め、働く者の頭の整理を良くすることに繋がるのです。

ほかにも皆さんもよくご存知の「オアシス」運動があります。これは、「おはようございます、ありがとうございました、失礼しました、すみませんでした」の頭文字です。

今思い出すと、大学を出て最初の給料で買ったものは、比較的大きな掃除機と、台所に使う大きなプロパンガスとコンロでした。おふくろが大変喜んでくれました。

一昔前に比べると、生活環境のすべてが清潔になりましたが、ある雑誌を見ていたら、世界の十億人が未だに、不衛生な川の水や、池の水をそのまま飲んでいるとの事。もっと早く全人類が、清潔な水だけでも飲めるようにしたいものです。

住まいづくりに貢献した建築家

清家清先生　トイレにドアのない私の家

日本に私が尊敬している建築家がおられます。元日本建築学会会長の清家清先生です。「清家清」ですから、上から読んでも下から読んでも文字は同じです。

先生の設計はミニマムな木造モダニズム（現代主義）住宅で有名です。「住は家族の住まう容器」と、簡単で的を射た表現をされました。昭和二十八（一九五三）年に造られた先生の自宅「私の家」は、戦後住宅建築の名作と言われています。当時は国民の皆が、極端な貧しさからやっと抜け出した頃です。私は建築学の学生でした。

自宅は平屋、一五坪の鉄筋コンクリート造で、今の住宅からして見ると、なにかしょぼい感じですが、しかし戦後日本のワンルーム住宅の系譜はここから出発しています。それはワンルームを最小限の間仕切りで軽く区切ったシンプルな平屋住宅です。

この「私の家」はトイレのドアさえ省略されました。夫婦にプライバシーはいらない、すなわち「夫婦は一体」で、家族の中で隠し事も要らないでしょうというものです。

カーテン・家具・移動式の畳は、生活の仕方に合わせる発想で全く古さを感じさせません。移動式の畳には、下にキャスターが付いています。鉄筋コンクリート造にしてこんな

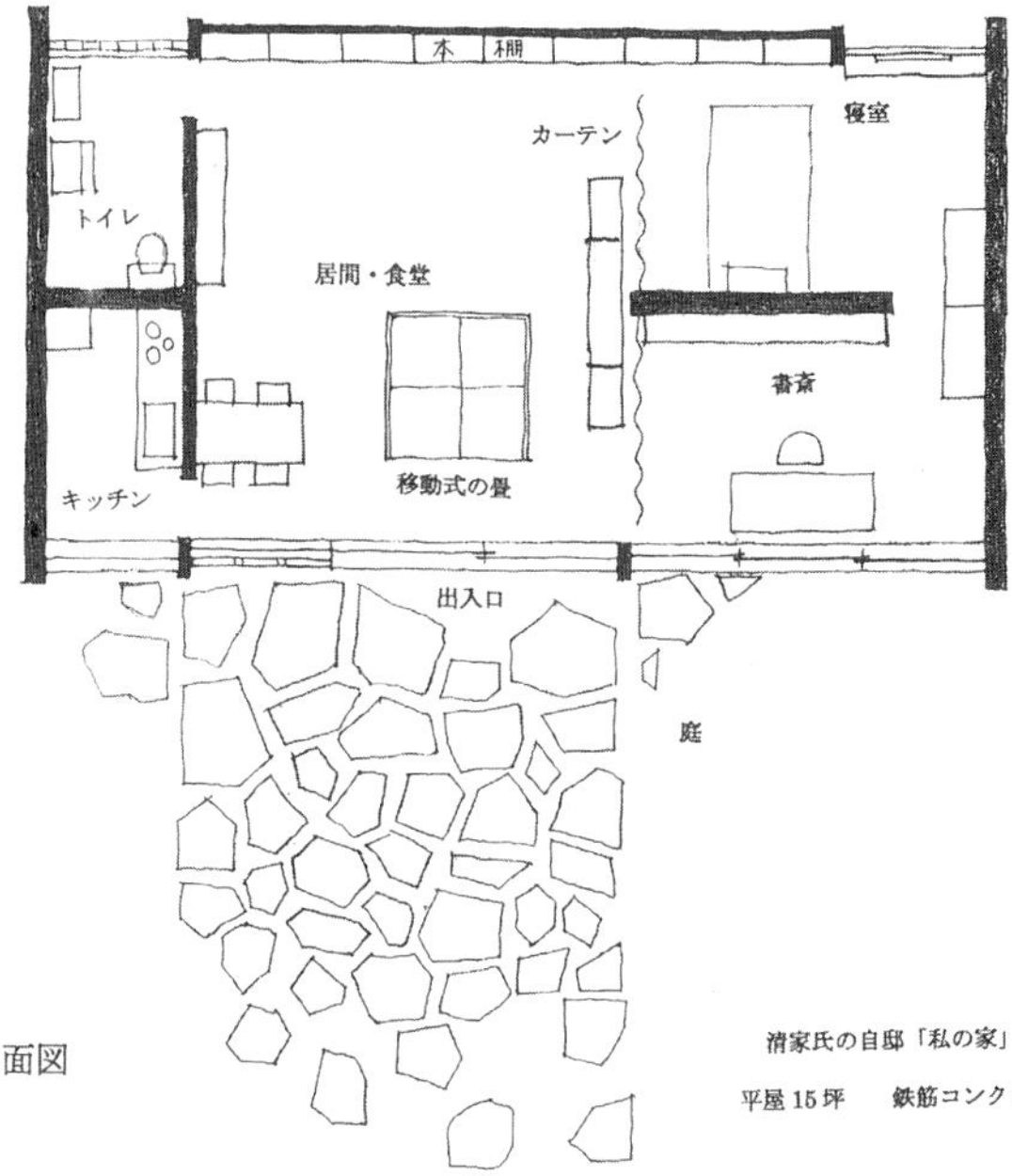

平面図

清家氏の自邸「私の家」（1954 年）

平屋 15 坪　　鉄筋コンクリート造

立面図

清家清邸（1953）

軽快な開放感は、ミース・ファンデルローエ（ドイツの建築家で、近代建築の三大巨匠の一人）に通じるものがあります。

戦後という開放的な時空にあって、自分たちもアメリカ的な夫婦の明るさをと思われたのではないでしょうか。

南に面した大きな窓が出入り口で、玄関はなく、トイレにも室内にもドアがなく、四畳の畳は移動式で、完全な一室住居となっています。玄関がないので、室内も庭の石畳と同じで、内外ともに、同じ雰囲気を出しているため、庭と室内の一体感が生まれ、住居の狭さの解決がはかられています。

戦前には、すでに機能主義に基づく、すなわち機能によって各室を設ける「モダンリビング」が建築家たちによって成立していました。しかしこの夫婦のためのモダンリビングは、戦前の中産階級のためのものでしかありませんでした。一般の夫婦中心の戦後モダンリビングを目指したのが、先生のこのワンルーム住宅「私の家」であったのではないでしょうか。

先生が設計された住宅では、夫婦の寝室・便所以外は、団欒や食事などのすべてを一つの空間ですることを勧めています。設計された住宅の子ども部屋は、簡単なカーテンや建具か家具で仕切ってあります。

先生のあらゆる設計をみますと、もちろん子ども部屋は、都合により自由に空間を変えられます。ある人はこの設計理論は子どもの落ち着きをなくすと言う方もおりますが、先生は家族の間では、まず隠し事のない団欒を優先させなさいと言う理論です。

先生のワンルームの変化を持つ融通性と、なによりも家族の団欒を強調されているのが特徴です。

ニートの存在する現在、私の考え方をもし受け入れていただけるならば、団欒あってのことですが、親を、先祖を、ひいては人間性を尊重しあうものが、今少し必要ではないかと思います。もしこの住まいの設計に、小さな仏壇などをどこからでも見える位置に置くならば、今問題になっているニートや、親と子の絆がより深くなり、家庭の不和もそれらがいくらか解消されるのでないかと考えています。

ル・コルビュジェ　住まいは住むための機械

戦前から戦後に活躍した、スイス生まれのフランスの画家でもある建築家、ル・コルビュジェは「住まいは住むための機械」と言ってのけました。この機械という言葉の響き

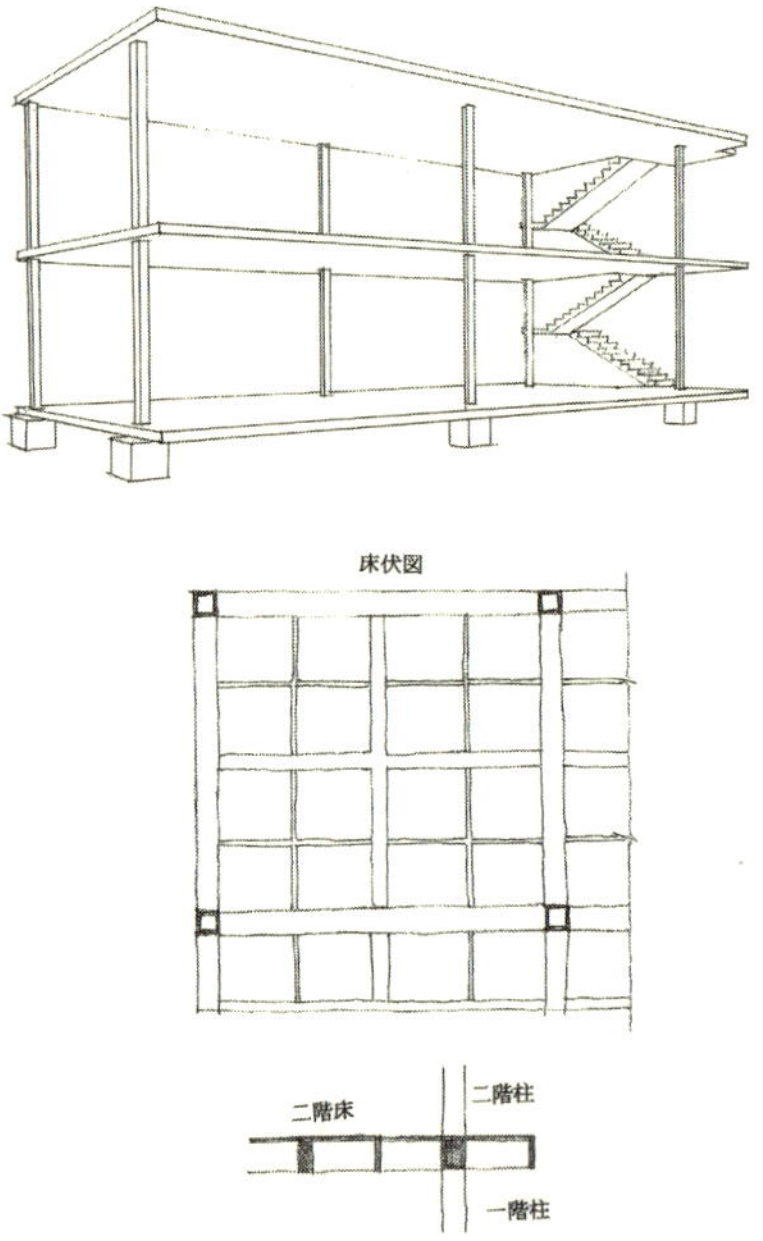

ドミノ・システム（1914年）。鉄筋コンクリート造の発達により、ドミノ・システムが可能になった

が、なにやら非人間的な冷たい印象を与え、誤解されることもあります。しかしその意図は、設計の自由度を高めて、新しい生活スタイルに柔軟に対応し、明るく、快適で、健康的な住環境を造ろうとしているのです。そのことが彼の著書『建築をめざして』（吉阪隆正訳・鹿島出版会刊）で述べた近代建築の五原則です。それは「ピロティー・屋上庭園・水平に連続する窓・自由な平面・自由なファサード（立面）」。

これらは、建築の原点であったと言っても良いでしょう。

私たちが学生の頃、ル・コルビュジェのこの思想に憧れたものです。当時、コルビュジュを語ることが建築科学生のステイタスでもあり、モダンなスタイルでもありました。

彼は当時、ヨーロッパの建築家の都市に対する否定的な態度、また田園への逃避的な態

サボォワ邸（パリ郊外、1931年）

度をやめさせ、都市そのものへ積極的に関心を呼び戻させるために「太陽の都市論」を発表しました。そして一九三〇年にパリ改造計画を発表しました。その中で、都市の中に充分な空地を獲得するため、地上を壁でふさがないよう一階をピロティー（柱のみ）のみにすることを考案しました。

特質とされるピロティーとは、地表を開放して外部と有機的につなぎ、庭や駐車スペースとしてつかおうというものです。そしてこれらは鉄筋コンクリート構造法の可能性から生まれたものです。パリ改造計画を発表する前の一九一四年、彼はドミノ・システム（基礎・柱・スラブ・階段から組みたてたもの）を考案しています。

鉄筋コンクリート構造の特性は、コンクリートは圧縮力には強いが、引っぱりの力にはとても弱いので、そこには引っぱりに強い鉄筋を入れて一体化し

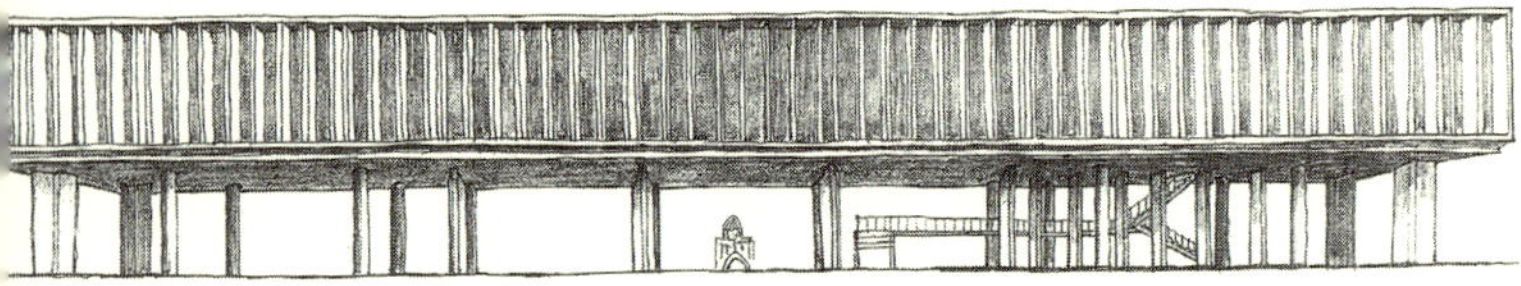

広島平和祈念館陳列館（丹下健三、浅田孝、大谷幸夫設計）

たものです。

当時はこのように、構造材の急激な変化や、生活環境の急激な変遷の時代ゆえ「住まいは住むための機械」と自論を述べたのであって、彼の作品を見ると、充分に自然との調和や、家族の融和を取り入れてあります。とにかく彼の造形的特色は誰でも容易に模倣できる普遍性を持っていたので、当時の私たち学生にも理解しやすく、大きな影響力を持っていました。

ル・コルビジェは建築を重力から解き放ち、生活空間を大地から切り離してしまいました。大地から切り離された生活空間は、風船のように今にも大地から飛び立とうとしているようです。ピロティーを全面的に採用することにより、オープンスペースとなった地上一階部分を公園緑地や道路交通網にして再利用しよう、そうすれば、都市はもっと緑豊かになり、交通渋滞も解消するだろうと彼は言っています。

このピロティーを日本で戦後効果的に取り入れたのが「広島平和記念館陳列館」でしょう。この場合、廃墟から立ち上がってくる逞しい姿となっています。それは原爆ドームをむこうに見る巨大なピロティーとなって大地から生い立ったようです。それは混沌とした原始の世界から生まれでた古代日本の象徴として、伊勢神宮の高床、太い棟持柱への共感となって、私たちの胸によみがえってきます。

さらにドミノ・システムのように壁をすっかり重力から開放して、部屋を自由に間仕切りますと、外観デザインも自由にすることができ、太陽光も家の隅まで取り入れることができるのです。またこの構造は、屋根をフラットにして「屋上庭園」を造るようにと提案しています。

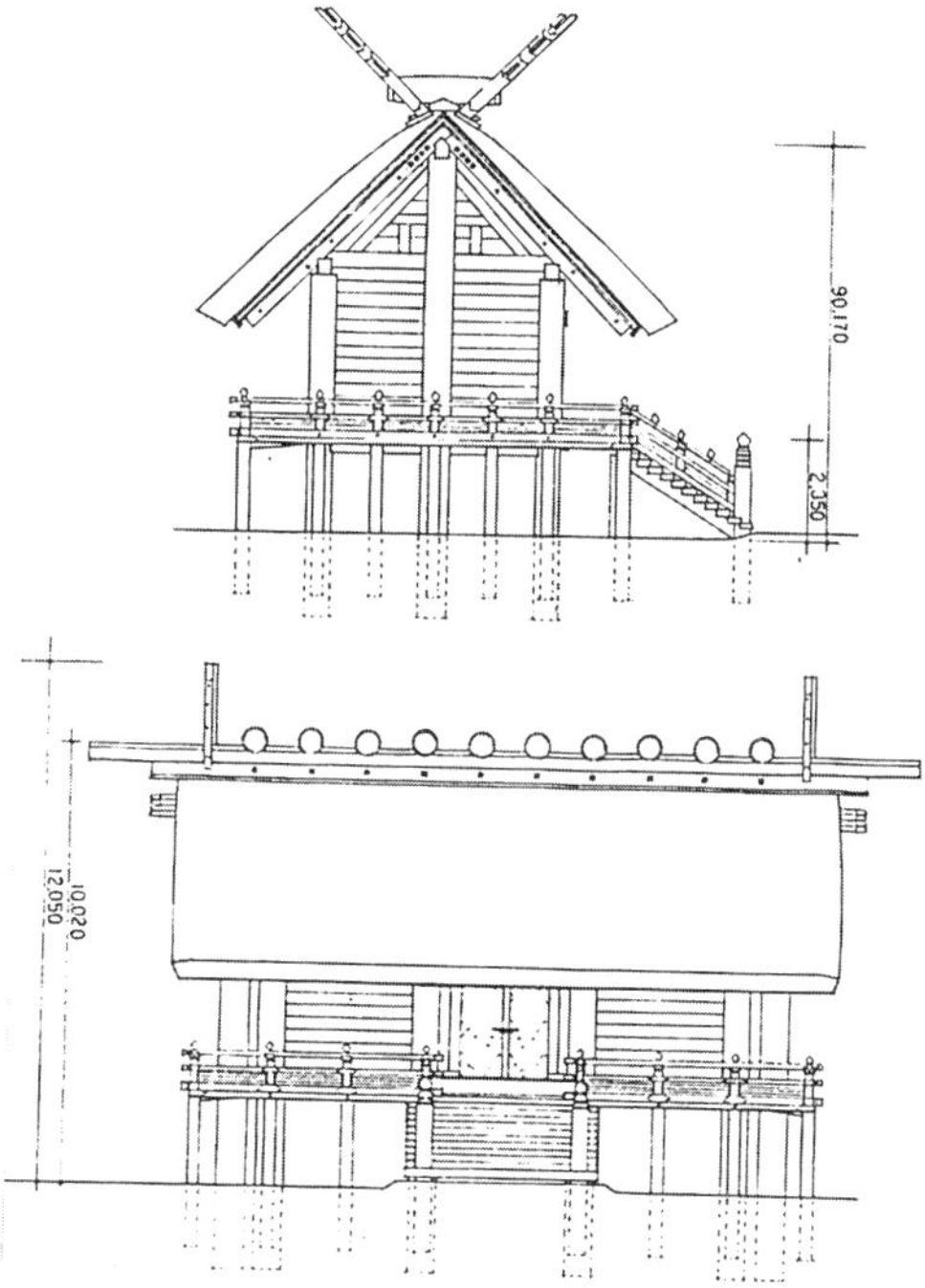

20年ごとに建て替える伊勢神宮（奈良時代形式）

ル・コルビュジェの五原則を実現すれば、大地から切り離された生活空間であっても豊かな緑も

国立西洋美術館（1959年、鉄筋コンクリート、地下１階、地上３階、建築面積1600平方メートル）

太陽光もふんだんに享受でき、しかも都市機能はより充実する。それこそが理想の近代生活を実現する建築空間だと彼はいっています。サボォワ邸は、そのプロトタイプといって言ってよいでしょう。

「太陽の都市論」を発表して以来、世界の歴史の浅い都市、再開発された都市は、どんどん同じ風景になっているようです。近代化の都市には、大地から切り離された「サボォワ邸」に、その原風景があるように思えてなりません。

彼は戦後ニューヨークの国連本部の建築顧問になるほか、世界の現代建築の動向に大きな影響をあたえています。日本にも東京の国立西洋美術館の設計があります。

しかし、彼の素晴らしい建築思想も、現在の多様性をもつ複雑なわが国の現状には相容れないものになったように感じます。特に日本のこれからの住まいには、便利さや機能オンリーではない、何か心の拠り所が住まいの中に必要だと思うのです。それは神であり、仏を安置してある仏壇ではないかと思います。

デザインや機能のみを住まいに追求している現代の建築家たちは、古い仏間造りの因習や、あまり意味もないデザインから脱却し、過去の質素で豊かであった生活を今一度振り返って、住まいを考えていただきたいと思います。できれば、仏壇か神棚を自然の形で取り入れた住まいを考えて欲しいと思っています。

ちなみに私の研究室は、鉄骨二階建て。一階は柱四本、二階は床が両側に跳ね出しています。

佐野利器先生　建築のデザインは芸者の化粧と同じ

私が敬愛する日本の建築家のもう一人は、元建築学会会長の佐野利器先生です。先生は建築家というより構造学者です。関東大震災後当時の東京市長・後藤新平の絶大な信頼を受け、帝都復興院理事と東京市建築局長を兼任し、関東大震災後の区画整理事業の都市復興、都市計画などに努め、特に鉄筋コンクリート造の小学校の建築や、都市の不燃化に努められました。

先生は「建築美の本義は、建物の重量を支持する為の力学的バランスのとれた構造にある」とし、その思想が日本の耐震構造学を今日のものにまで実を結ばせました。先生は、日本の地震工学や耐震構造の基礎を築いた人です。研究論文「家屋耐震論」は大正五（一九一六）年に発表され、建物の重さの何割かの力を水平方向に作用させて設計を行う震度法を提案するとともに、都市計画の分野にも大きな業績を残し、大正十二年の関東大震災は先生の学説を実証するものとなりました。この「家屋耐震論」では、日本古来の木造建築では壁をできるだけ残し、そこに多くの「筋違い」をいれることを奨励されました。

日本の気候は高温多湿の夏、この蒸し暑いのをいかにしのぐかが大きな問題です。そのためには壁を取り払い、一見柱のみ林立するような建物になります。また夏の日差しを避けるため、庇《ひさし》の出を大きくします。このため瓦屋根が大きくなり、当然重くなり非耐震的な建物になります。それらをこの論文では強く戒めており、この理論は今では構造設計のイロハです。先生の業績は建築学だけにとどまらず、構造計算の必要上から、尺貫法・ポンドヤード法の不合理性を痛感し、メートル法の普及にも尽力されました。日本教育会長や国語審議会委員も務めるなど、戦後の教育改革確立にも参画、ローマ字のつづり方を現在の方式に統一されたのも大きな功績です。

今ではセクハラ問題になりそうですが、建築の表面上のデザインは、「芸者の化粧か、人の気を引くためのもので軽薄なものにすぎない」と言われました。この信念は建築の思想・芸術面を軽視し、日本の建築学の工学偏重を招いた、と評されもしましたが、私は先生の考えにまったく同感です。先生の業績は偉大なものです。住まいの安全性を工学的に探求された純粋な建築工学者でありました。先生の建築の代表作品には、旧国技館や現東京駅の構造設計があります。

佐野利器氏が設計した奉安殿（山形県）

近代日本の建築家の作品をよく見ると、独創的なものはほとんどないようで、大なり小なり模倣されたものばかりのようです。戦後もてはやされた、ある有名建築家の大型の建築作品をみますと、それにそっくりな小型の建物が、戦後のアメリカの建築雑誌に載っていました。また作品の多くが、海外の作品の部分部分の寄せ集めが多いようです。先生が申されますように、建物は人の気を引くためではなく、安全に建てることが第一義です。

戦前は全ての小学校に奉安殿がありました。この奉安殿は当時、天皇様のご真影を奉納したところで、学校に入るとまず最敬礼をしてそれぞれの教室に入ってゆきました。先生は山形の出身小学校で奉安殿を設計されています。この奉安殿は戦後の翌年に取り払われ今はなく、写真だけは当小学校にあります。

私はこの混沌とした社会において、誰でもが畏敬の念をもつことができる神か仏を、複数でもよいので安置しうるものを学校に置くべきだと、日ごろから思っております。

フランク・ロイド・ライト　有機的建築と旧帝国ホテル

Ｆ・Ｌ・ライトは、アメリカ合衆国が生んだ建築の巨匠です。彼は膨大な設計業績を遺しましたが、一貫して彼の標榜する「有機的建築」の理想を追求し続けました。「有機的建築」というものは、一口でいえば、より豊かな人間性の保障に寄与する建築です。

当時はヨーロッパの建築様式の模倣である新古典主義が全盛であり、また機能性、合理性の追求をも目標としていたので、「有機的建築」はそうした方向とは相容れぬものとし

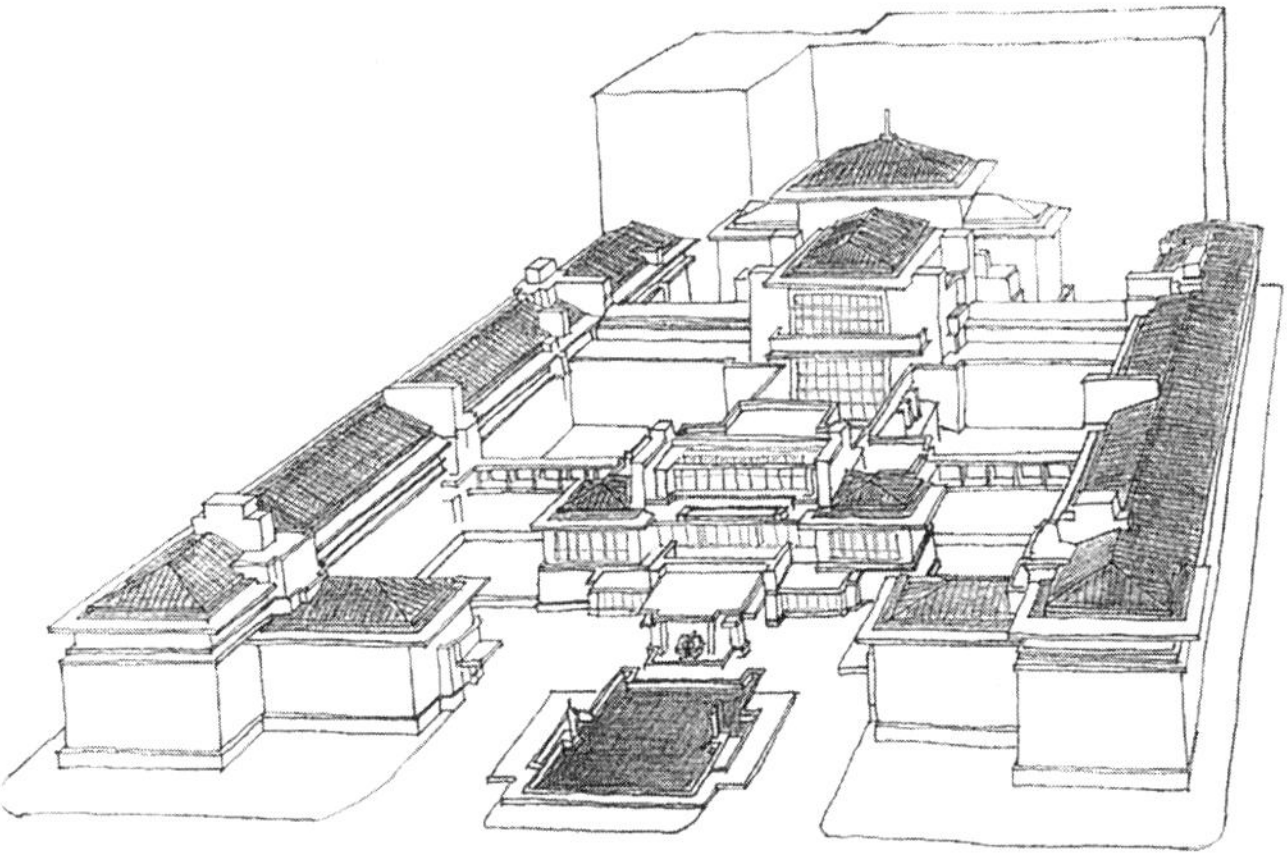

フランク・ロイド・ライト氏が設計した帝国
ホテルの立体図。現在、明治村に移転された

フランク・ロイド・ライト氏が設計したエドガー・カウフマン別荘（落水荘、1936 年、鉄筋コンクリート造）。窓枠にスチール・サッシュを最初に利用した。居間は流れに面し、いく段ものテラスがある

て、誤って理解されたこともありましたが、住宅作家としてプレイリースタイル（草原住宅）を確立しました。この様式の特徴は、当時シカゴ周辺の住宅にあった屋根裏、地下室などを廃することで建築の高さを抑え、水平線を強調したこと、部屋同士を完全に区切ることなく、一つの空間として緩やかにつないだことなどがあげられています。

彼の建築家としての重要性は、住宅作家として、人々の生活の拠点を作り続けたことでしょう。もちろん、住宅以外の公共建築にも腕を振るっていますが、傑作の多くは住宅作品であったようです。

この「草原住宅」というのは、アメリカ中西部の草原地帯にあって、住宅は大地に根を張り、地をはうように創られていますので、自然と一

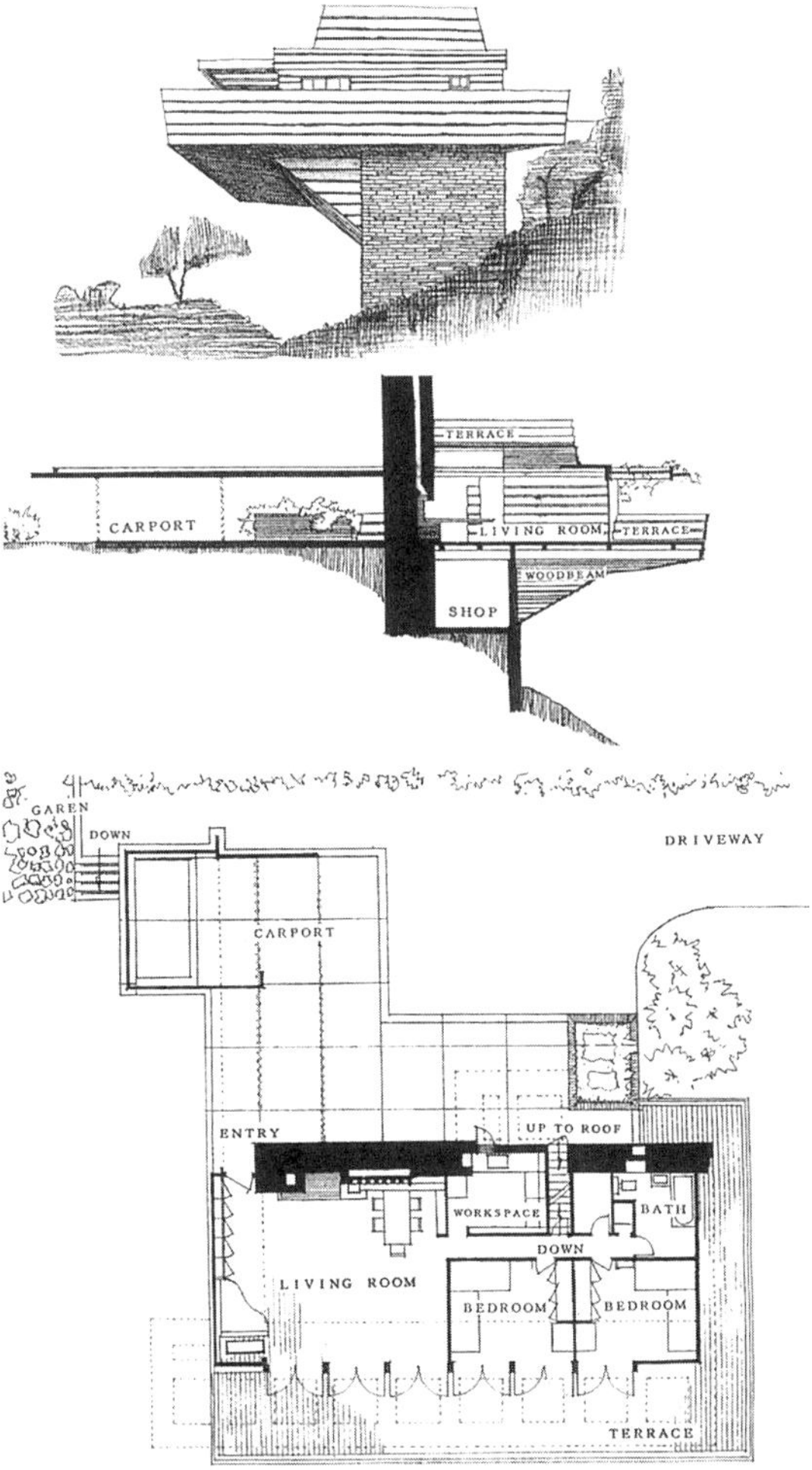

フランク・ロイド・ライト氏が設計したゴージ・スタージス邸（ハリウッド、カリフォルニア州、1939年）。木構造でコストを安くし、テラスは煉瓦壁から大きく突き出している

体となることを目的とした住宅です。ライトは無味感想なビルの林立する近代都市を嫌っていました。人間生活の豊かさとは何かについて、真摯に取り組んだ建築家でありました。

彼のことで、未だよく知られていないことは、「合衆国に生をうけた人々は、貧富の違いに関わりなく、豊かな生活をする権利がある」として低廉な小住宅を設計したことです。その住宅の経済性のために、積極的にプレハブ化と取り組んだことです。

彼の日本での作品で有名なのが、現在明治村に移築された帝国ホテルがあります。彼のスタイルには変遷もあり、一時はマヤの装飾を取り入れたことがありますが、基本的にはモダニズムの流れをくみ、幾何学的な装飾と流れるような空間構成に特徴があります。また浮世絵の収集家でもあり、日本文化から少なからぬ影響をうけてもいます。

ブルノー・タウト　泣きたくなるほど美しい桂離宮

第二次世界大戦勃発の六年前、ドイツの建築家ブルノー・タウトは、ナチスによる暗殺から逃れるため、ベルリンを脱出、日本インターナショナル建築会からの招待を機に、日本に亡命し三年あまり京都に身をおきました。その翌年、生涯忘れえぬものとなった京都の桂離宮と衝撃的な出合いをなしました。「泣きたくなるほど美しい」。これが桂離宮発見

桂離宮

の第一印象です。

私も大学生当時、小堀遠州の設計したこの桂離宮を見学する機会をもちましたが、当時はまだその美しさがまったく理解できませんでした。その後少しずつタウトの感動したものが分かってきたような気がしてきました。

タウトの桂離宮との出合いについて、その日記には「古書院の間から眺める御殿の素晴らしい景観、それだだのに新書院の前には、もうこのような造園術は見られない、芸術的鑑賞のこのうえもない優美な分化だ。すべてのものは絶えず変化しながらしかも落ち着きを失わず、また控え目である。日本は眼に美しい国である」（宮元健次著『桂離宮と日光東照宮』学芸出版社）と桂

東照宮陽明門

離宮を日本そのものに置きかえ、その美をたたえています。この数奇屋造りの中にモダニズム（現代主義）建築に通じる近代性があることを評価し、日本人建築家に伝統と近代という問題について大きな影響を与えました。

そのあと今度は日光に足を延ばしました。そこで東照宮に関しては、斬りさくほどの酷評を下しています。

「木深い杉木立、その中にすさまじい建築がある。大猷院廟は東照宮より一五年あとに竣工した。金色の唐門、装飾品のように美しい、建築物の配置はすべてシムメトリー、眩いばかりのきらびやかさ、すべてが威圧的で少しも親しみがない。豪華だが退屈、眼は

白川郷の合掌造（まだ電灯のない昭和26年頃）

もう考えることができないからだ。鳴龍のある堂、手を叩くと天井に描かれた龍がクルクルと鳴く、珍奇な骨董品の感じ、これらはなんの意味もない。建築の堕落でその極地だ」

日光東照宮はすべて威圧的で少しも親しみがない「将軍建築」と評価しています。そして桂離宮や伊勢神宮を自然の中から生まれた、均衡のとれた「皇室建築」と賛美しました。

三年あまり日本に滞在中、現在世界遺産に登録されている白川郷・五個山の合掌造りの民家を見た著書の中で「これらの家屋は、その構造が合理的であり、理論的であるという点においては、日本全国全く独特の存在である」（篠田英雄訳『日本の美再発見』岩波新書）と称賛し、その骨太の構造物を大変美しい「日本ゴシック」といっています。またこの辺の風景は、「まったく日本的でない。少なくとも私がこれまで一度も見たことがない景色だ。これはむしろスイスか、さもなければスイスの幻想だ」と述べています。

日光東照宮のような派手な建築物を批判し、東北地方の民家や、桂離宮、伊勢神宮などの簡素な建築物を好み、あちこちを旅しながら日本美の再発見に努めました。

タウトの著書『日本の建築』(篠田英雄訳、春秋社)は学生時代、何回も読み直し、簡素な建築物を好むタウトの考えにまったく同感したものです。

これからの住まいも、彼の思想の根底にあるような、簡素で素朴な設計を基本にしていただきたいと思っています。

宮脇昭先生　鎮守の森に潜在自然植生がある

宮脇昭先生は、畑の雑草生態学の研究家で、戦後の荒廃した日本の土壌を隈なく調査研究され、その後ドイツ国立植生図研究所で潜在植生理論を学び、横浜国立大学教授を経て、現在は国際生態学センター研究所の所長をされています。日本中の植生を徹底的に現地調査して『日本植生誌』(至文堂)全十巻をまとめられました。

それによれば、日本には土地本来の森は、〇・〇六パーセントしか残っておらず、全部人間が手をいれて人工的な森にしてしまった。現在の雑木林は二十年に一回の伐採と三年に一回の下草刈が前提です。それをやらないと維持できないニセモノの森と言われています。

松にしても元々東北以北とか、条件の悪い山頂などに限定して生えていたもので、それを人間が拡げてしまった。それゆえ松クイ虫の大発生になったのは自然の摂理だとか。

これらが台風や地震、洪水などの際に二次災害が起こる諸悪の根源であるといわれます。関東以南の平野における本来の植生は、シラカシなどの常緑樹、海岸部は照葉樹林であると、研究の結果を報告されています。

土地本来の潜在植生は、「鎮守の森」を調べれば分かるはず。そこには大抵、椎、タブの木、樫の常緑樹が茂っていて、また海岸部は照葉樹が残っている。それが本来の植生の姿なのですと説明され、その再生に、実践的な指導をされています。

生物社会でも、本物は長持ちします。どれほど格好がよく、早く育ってきれいな花が咲いて一時的に繁殖しても、ニセモノは長持ちしないと、植林、植樹の「大原則」を示しています、それには「その土地に適した樹を選ぶこと」、そして「土地本来の主木の樹種を選択すること」だと教えています。そして、これが「潜在自然植生」と説いています。私たち人間社会においても、住まいの建物にも教えられる要素がたくさんあるようです。

幼苗を植えて十四年で自然の森となったボルネオの森
(『知るを楽しむ・この人この世界・日本一多くの木を植えた男　宮脇昭』日本放送出版協会刊をもとに作画)

古来より文明は自然の森林を破壊してきました。破壊の上に文明は成り立っています。日本の経済成長の裏では、地球のある地域の自然や資源が丸裸になったところさえあります。先生はそこに長年研究されてきた成果の「潜在自然植生」理論で土地本来の森を取り戻そうと、実践的な指導を国内はもちろん、広く国際的に活動をされています。

いま氷河期以降の人類の歴史を振り返りますと、文明が発展し、人口が増大、すると森林資源が枯渇し、文明は衰亡するということを何回も繰り返しているようです。しかし現代の地球ではもう豊かな森は熱帯と亜熱帯にしか残っていません。なんとかしなければこの現代文明は崩壊する可能性が高いと思います。森林の研究者は、このままの状態が進行すれば、現代文明は、あと百年以内に危機に直面することは間違いないといわれています。

先生は、日本や世界各地で六千万本以上の植林に成功されました。さらに熱帯雨林再生プロジェクトのマレーシアでの参加では、根が充満したスポット苗を植林する方法で、再生不能とまでいわれている熱帯雨林の再生を十数年あまりで成功させています。

形こそ違え、人間も植物も遺伝子もって進化しています。先生が言われる、本来の土地風土にあった植物であればこそ素直な成長が見られるのです。

われわれの住まいにも、いたずらに新建材や高価な設備を推薦したり、また無理なデザインを押し付けたりしないで、新建材やデザインなどは最小限の範囲で、この風土にあったのびのびした簡素な住まいを推奨されることを望みたいものです。

私は、機会があって造園技師の資格指導をしている者として、この宮脇先生の戦後の混乱期、雑草の研究から始められ、潜在自然植生理論の完成と実践的指導には、心から感銘を受けています。そして緑の植物、とくに緑が濃縮した本物の森づくりに、いくらかでも努めたいと思っています。

私の建築家への道

ボンクラでも努力することで社会貢献はできる

小学低学年時代　先生の結婚はとても嬉しかった

何年生の頃だったのでしょう。毎週一回、漢字の宿題提出日があり、それは、縦八列横十行程の枡に一字一字をていねいに書くというものでした。しかし私は勉強そのものができない性分だったので、当然宿題をしていきません。

朝の提出に間に合わないと竹の棒で叩かれ、強く叱られるので、仕方なしに提出日の朝、字を濃くする為に鉛筆を舐め舐めしながら、猛スピードで漢字を書きます。時間がないため一列は皆同じ漢字、それも三画か四画です。例えば「山・山・山・山・山・山・山・山・山・山」列を変え「四・四・四・四・四・四・四・四・四・四」、また列を変え「下・下・下・下・下・下・下・下・下・下」というものでした。

毎回どのページも似たり寄ったりです。ところどころ一重のマルもありましたが、当然のごとくいつもサンカクです。隣の女の子の宿題帳は、どのページを見ても八重から十重の赤丸が一杯です。あの赤丸は今でも目に焼きついています。

戦時中の小学生は、町内の子どもたちが集まり、整列しながらの登校でした。入学当初、朝の整列前、六年生が私に竹の棒で道路に色々な難しい漢字を書かせて喜んでいました。

小さい時から、父や兄が私によく漢字を教えていたからで、後で考えるとこれが良くなかった。入学の最初の頃、カタカナのテストの時「軍艦・飛行機・櫻・學校・二ノ宮金次郎・戰車」などの絵があり、当然と思い漢字で書き終わった頃でした。先生から、頭を平手で思いっきり「バチー」と叩かれ「こんな字はまだ書かんでよか」と注意されました。

三年生の頃だったと思います。朝、書道の時間の始めに墨を擦っていた時の事です。後ろの席にいた韓国人のA君との間で何かもめ事があり、どちらかが先に筆で顔に墨を塗ったのが始まりで、お互い反撃しあい二人とも顔が真っ黒くなり、そこに先生が教室に来られて、とても叱られました。

罰として、講堂の横の運動場に、二人とも一日中立たされたのは当然です。中休みと昼休みに全校の生徒が見にきては、ワイワイ騒ぎ、初めのうちは二人とも泣いていました。女の子が「あの人たちいやらしか、涙と唾で墨を拭いているとよ」と言っています。その日は放課後帰るまで立たされ、放課後やっと弁当をいただきました、昨日のことのように覚えています。

小学三年生の頃、小さな鉢に赤・青・黄・紫・白とこれまた小さな花が山のように咲いていました。当時の肥料は今の様な化学肥料ではなく、人の大小便が畑の肥やしでした。当時の肥やしは人尿糞を夏でも三カ月以上は腐敗させていたのですが、小便をそのまま肥料と思い込んでいる私は、皆の前でオチンコを出して「栄養をやろう」と言いながらいっぱい小便をかけました。

道具を洗い、今日は良い事をしたと思い込み教室に入ったとたん、いきなり頬っぺたをひどく叩かれました。そのときは何がなんだかわかりません。

花や緑の事を思い出すと、数十年前のエジプト旅行で感じた事を思い出します。ナイル河の上空一万メートルでの事ですが、左を見ると遥か彼方まで茶色の砂漠、右も遥かな砂漠、下にはナイルの青い筋と両岸の緑が細い紐のようにあるのみです。面積は日本の約四〇パーセントですが、人口は日本の約半分。この狭い緑の部分に、六千万人もの人がいる事になります。いかに人口が密集しているか。

一方ブラジルの上空から見た地上は遥か彼方まで三六〇度緑の樹林です。今この貴重な熱帯雨林への農地の拡大による樹木伐採により、地球規模での温暖化などの様々な危機が忍び寄ってきています。

旅先から日本に帰り、上空からこの国土を眺めるたび、緑の多いのにいつもホッとします。おそらく誰もが同じ思いではないでしょうか。時には大雨で災害も起こりますが、雨が多いゆえ、緑が豊かになるのです。まさに瑞穂《みずほ》の国です。

またこの雨は、すばらしい日本刀を作り出す事をも可能にしました。雨が多いため、樹木を切って切ってもすぐに育ちます。それ故に、火力の強い木炭が沢山できるのです。幸いこの土地には刀に適した砂鉄も多く取れるので、沢山の立派な日本刀ができました。樹木は温暖化防止に役立つのは言うまでもありません。

以前は海外に旅行するときだけ「ひったくりや物取り」に注意しなければならなかったものですが、最近は日本も欧米並みになり、残念です。治安が悪くなったのは、日本の若者が働かなくなったからでしょう。豊かになり生活が楽になっただけでなく、親に先祖に畏敬の念を持つ事を忘れたからです。これらはすべて幼少時代に始まっているような気がします。

ボンクラでノロマの低学年の私は、先生からは好かれるわけもなく、叱られるのが当たり前の毎日でした。学芸会などに出してもらえるなんて厚かましい話です。しかし、この小学校低学年時の苦い思い出があったので、人様を差別したり差別を感じたりする事はなかったように思います。むしろ歳を取るにつれて、女性の担任だった先生から厳しく怒られた事に感謝するようになってきました。一度お礼を申したいといつも思っています。

私は幼少の頃から体質的に胃腸が弱く、時々腹が痛くなりよく嘔吐をしたり、下痢もしていました。三年生の頃、ある日の一時限目の授業中、胃がむかついて机の上に少し嘔吐してしまったので、雑巾で拭き、先生に「具合が悪くなりました」と言ったら「宿題をしてないけんやろう」と、持っておられた細い竹の棒で叩かれてしまいました。しかし私が本当に青い顔していたからでしょう、看護室に行きなさいと言われ、むかつく腹を押さえフラフラしながら看護室に行った事を覚えています。

吐き気は一時間程で治りましたが、看護室で生まれて初めて、白くて柔らかいベッドの上で休んだ時は、とても気持ちよかったのが印象に残っています。そういえば、小学校に入学する少し前、近所で私だけ擬似赤痢になって伝染病院に入院した事があります。真っ白な自動車に乗って連れて行かれた事、看護婦さんから親切にしていただいた事、退院の時には博多湾の見える大きな風呂に親父と入った事は今でも思い出します。

この伝染病院は、当時博多湾に面した唐人町にありました、現在は子ども病院になっています。この近くの海岸に、戦後しばらく大変賑わった百道海水浴場がありましたが、この海水浴場だけは行く気がしませんでした。あの伝染病院から、菌をたくさん含んだ汚水が流れ込んでいるような気がしていましたから。

ある寒い日の午前中、腹がとても痛くなり、先生に言ったところ、何の理由だったか覚えがありませんが、怒られて「我慢しなさい」と言われました。しばらく腹痛を我慢していたが耐え切れず、とうとうウンチをしてしまいました。先生に言いますとそのまますぐ家に帰りなさいと言われたので、泣きながら寒い風にあおられ一人で帰った事があります。家に帰り着くと、おふくろが冷たい井戸水できれいに洗ってくれましたが、小学校時代一番辛かったのは、この帰り道でした。

現在、家具屋で見る勉強机の素晴らしい事、机には地球儀が付くのは当然としても、将来はこの子ども机の横にウォーム付きの水洗トイレや、あるいはその横に子ども専用のシャワーか、風呂が取り付けられる日がやがてくるのでないかと危惧しています。


私が子どもの頃の一般的家庭の勉強机は、ご飯を食べる食卓と一緒で、ご飯を食べる合間に子どもが食卓で勉強したものです。机や家具、そして建物が良くなり広くなれば、それに反比例して人と人との心の絆は薄情なものになっていきます。これは住宅設計、いや人情の基本です。住まいの設計者は一般にこの事は建築主には強調しません。なぜかと言うと、それは設計料にひびくからです。設計料は一般に建築の床延べ面積か、工事費の比率で支払われるからです。住人の将来について、家庭の絆や和みについて真剣に考えてくれる設計者は皆無でしょう。今まで「住まいは狭いのが家庭内の絆のために良い」といった設計者の話を聞いた事がありません。

四年生の終業式の時、講堂の壇上に校長先生と担任の先生が並んで立たれ、担任の先生が結婚し、中国山東半島の青島にお嫁に行く事になったと、校長先生が話されました。結婚の意味自体は理解できませんでしたが、お嫁に行く時はきれいな着物を着て行かれる事だけは分かってました。「狐の嫁入り」といって、女狐が真っ白い着物を着て、周囲に十匹ぐらいの男狐が提灯を持って、お嫁に行く美しい絵本が家にありましたから。また、先生は結婚して、この学校を辞められるという事も分かりました。

教室に帰ると皆シーンとしており、女の子は皆泣き出しました。男子も五、六人は泣いていたような記憶があります。私はこれでやっと叱られる事もなく、叩かれる事もなくなるので、嬉しくなるばかりでした。この気持ちは今でも感動として残っています。ただただ、下を向いていました。後で思うに、担任の先生が学校を去るにあたって、多くの子どもが泣いて別れるという事は、とても素晴らしい先生だったに違いないのですが、どうして喜んだのか、私の低学年時代の精神構造は今でも分かりません。

戦後しばらく、映画の多くがまだモノクロだった時代、高峰秀子主演で「二十四の瞳」を観た事があります、小豆島の美しい自然と、島の人たちの過酷な日々の中で、ユーモアを忘れない生き方、そして、なんといっても大石先生の優しさに心を打たれました。大石先生が担任だったらと勝手な事を思ったりもしました。

講堂の壇上の正面には奉安殿があり、そこには天皇様の写真と「教育勅語」が安置してありました。祭日の都度、ここの小さな扉が開けられ、白い手袋をした校長先生がおもむろに「教育勅語」を読まれます。全校生徒はその時直立不動でやや頭を下げていました。校長先生は「火災の時は火の中に飛び込んで、死んでも御真影を守らねばなりません、火災とか地震の時は真っ先に学校に来てこれらをお守りします」と説明していました。

この奉安殿と内容は違いますが、公立に限らず全ての小中学校、高校にも、神や仏に手を合わせる事を教える必要がある時代が来た、と思っています。学校で宗教教育を行う必要があると思うのです。

ニートやいじめの問題をなくすには、神仏の教えを生活の中に取り入れなくては、解決しないように思っています。宗教家もこの事について努力してほしいものです。

青島にお嫁に行った担任の先生は無事に帰国されたのでしょうか。空襲で私が通っていた工業学校も焼けてしまい、一時的に奈良屋小学校を仮校舎として間借りしていた事があります。同じ市立で、博多港近くの鉄筋コンクリート三階建てでした。奈良屋小学校の前面には広い道路、近くには公園もあり幸いに焼け残りました。学校から博多駅までの広い範囲が焼け野原になり、その屋上から、北は港から南は遥か博多駅まで遠望できました。

満州・中国・朝鮮半島からの引揚者が博多湾港に着き、博多駅の方向に向っていきます。この方々の姿が、屋上から見えます。引揚者たちが、現地で舐めた辛酸は筆舌に尽くせないものだと聞いていました。特に、子ども、若い女性が苦労されたようです。屋上から引揚者の苦労と、やっとの思いで日本に上陸できた喜びの様子が手に取るようにみえました。

日本は地形的にも安全な国です、漢民族は敵の侵攻を防ぐために万里の長城を築きましたが、日本は幸い周囲が海に囲まれており、言わばこの海が万里の長城の何倍もの効果があるのです。第二次世界大戦では、この海を日本人が越えたため、逆にこの海が障害になり、日本へ戻り難くなったのです。

日本の恵まれたこの周囲の地形や自然、そこから生まれた風習を私たちはもっと大切にしなければならないと思います。越えにくい海があるからこそ、直接侵略される危険が少なかったのです。

侵略の危険性が少ないという安心感からうまれた日本住宅。この、柱のみが林立する開放的な間取りの意味を、いま一度考えて直して欲しいと思っています。陸続きの大陸民族のように、外敵から身を守るために常時持っていた金属の武器から変化したフォークやナイフとは違って、自然の木の枝からできた箸を使う食の文化をも再考していただきたいと思います。また侵略の目的ではなく心を磨くために腰に持っていた武士の大小の刀も、平和への考えに通じるのではないかと思います。

小学高学年時代　国旗掲揚のラッパの音は澄み切っていました

五年生の時の担任は男の先生で、生徒も男ばかりに組み替えした殺風景なクラスでしたが、毎時間とても楽しくおもしろい授業でした。何の授業でも、一時間のうち数回は笑わない事はありませんでした。アッと言う間に一年が終わったように感じたものです。

先生から一つも怒られる事がなかったのでホッとしたのもありました。だけど不思議なものですね、一年から四年生の事は、いつも叱られていたからか、日記を見るように思い出しますが、この五年生当時の事は何も思い出せません。記憶には強い刺激が必要なのか、あるいは「叱られる」ということが、低学年の時はあまりにも強烈だったのでしょう。

六年生の時は男の先生で、師範学校を出られて間もない若い先生になりました。「木剣で素振りや剣道をやるから、希望者は一時間早く学校に来い」との事で、私は喜んで参加しました。一クラス五十人中、参加する者は毎日三人くらいだったと思います。

先生は当時剣道三段の腕前です。それからというものは学校が楽しく、強制的な勤労奉仕としての早朝新聞配達を終え、朝食が終わるやいなや直ちに学校へ飛んで行きました。日の短い寒い頃は暗いうちに学校に着きます。当時の校門はいつも開放されていたので、一人だけでも講堂で練習を始めていました。もちろん、算数、国語の宿題の予習はするし、算数を解く問題が出るとサッと前に出て解くようになっていました。国語の時間には一番に手を挙げ読むようになっていました。六年生になって初めて生甲斐を覚えたようです。剣道のお蔭です。

好きな工作の時間でした、ある日、飛行機の一部が完成したので思わず「万歳」と手を挙げて叫んだところ、先生が私の所にツカツカと走って来て、「黙っとけ」と言うのより早く、思いっきり顔を殴られました。かなり身体が飛んだような気がしました。

先生は私を良く知ってくださっていたが、この工作室では一切の私語を禁止しておりましたので、喜びの声すらダメでした。今では考えられません。この工作の先生は厳しい先生で、中国・満州の戦場の経験を持たれていたので、一つひとつに厳しさがあり、よく戦場での話をしていました。力一杯殴られたのは、今でも心地よい思い出です。

六年の中頃、台湾ヒノキにペンキを塗り、主翼が四〇センチぐらいの飛行艇を作った時は、うしろのガラス戸の中に一機だけいつまでも飾ってありました。クラスで一番良くできたのだと思います。

卒業間際、担任の先生は私に、外の工業学校の建築科か機械科に行くように薦められました。しかし私は、将来飛行機技師になりたかったので、私からのお願いし、木材航空機の製作ができる福岡市立工業学校の木材工業科を受験しました。学校に入学して木製飛行機の構造図のたくさん入った教科書を渡された時は、何回も何回もページを開き、図面を見、初めて飛行機の骨組みを知りました。

しかし、これから飛行機の勉強ができると思った時、B29の空襲が激しくなり、勤労奉仕や勤労学徒として、飛行場の滑走路造りや郊外の飛行機の部品工場の疎開に勤労学徒として行くようになりました。最後にはB29による福岡大空襲もあり、学校は焼け、ついに勉強をしないままでした。戦後は米軍の占領政策によりこの科は木材工芸科と改められ、家具造りを学ぶ科となりました。一番大切にしていた飛行機構造図の入った教科書は、GHQから没収され、残念ながら一冊も残っていません。大学では建築工学科で構造学を選択しました。構造は飛行機も建築の骨組・理論も全く同じだからです。

この高学年時代、今思っただけでもとても腹が立つ事があります。遠足で近くの鎮守の森まで出かけた事があります。クラスの友人二人と境内の低い石垣に背中をあてていました。そのなかの一人が、当時珍しい魔法瓶を持っていました。私もお茶を飲ませてもらったと思いますが、そこへ身体も大きく喧嘩も学年で一番強い隣クラスのH君が、優しいE君と私たちの所にやって来ました。するとH君が「魔法瓶はこれや」と言って、これを拳骨で叩いたので、中のガラスが割れてしまいました。E君は見ていただけです。

E君はしばらくして、割れた魔法瓶を心配そうにそっと撫でていました。当時の魔法瓶はとても高価で、この瓶のカバーは薄いセルロイド一枚のみでした。

翌日、魔法瓶を割られた友人は隣のクラスの年配の先生に「E君が割った」と言いつけ、私も呼ばれました。私は、E君は何にもしていません。むしろ心配していましたと、状況を先生に話しました。しかし、魔法瓶を割られ同席していた友人は「お前は見とらんけん黙っときやい」と怒っています。

E君は職員室で、お母さんの前で先生から「嘘をつくな」と言われ、何回も叩かれていました。横には教頭先生もいました。冤罪です。可哀想でした。E君はとても悔しかったでしょう。二十代の中頃、無実の罪をE君に着せたこの友人のボロな白タクに乗り合わせたことがあります。

六年生の頃、とても仲のよい友人がいました。いつも学校の帰りは遠回りして彼の家まで行き、それから自宅に帰っていたぐらいです。彼はどこで覚えたのかラッパが上手で、朝礼とか、行軍練習の時なんかは、いつも一人でラッパを吹いていました。特に朝の国旗掲揚のラッパの音は澄み切っていました。

ある遠足の時、彼の弁当を見ましたら、少ない麦飯に醤油を掛けてあるだけでした。栄養不足でラッパを吹き、相当無理をしていたのですね。かれは高等小学校に進みましたが、その年の夏、胸の病気で亡くなりました。あのラッパの音が今でも聞こえてきます。

当時、いくらかの煙草、酒が各家庭に年に数回配給されていました。家では煙草・酒を誰も飲まないので、何時もお世話になった方に差しあげていました。床の間の隅に仏壇があり、配給タバコはこの仏壇に下の引き出しの中に置いていました。引き出しを開けるたびにとてもタバコの良い香りがしていたことを思い出します。

六年生になると、配給のたびに母親が袋に煙草、酒瓶と、家の甘酒麹を入れた新聞紙の包を先生に差し上げるように言われ、私は困りながらしかたなしに持って行きました。まるでヒイキしてもらうようお願いしているようで、気が引けていました。友達に分からないよう渡すのに苦労したものです。

私が工業学校に入学した後も、酒や煙草を先生に持っていくように何回か言われました。

私が勉強をするようになって、母親はよほど嬉しかったのだと思います。社会人になり、先生に一度お礼を申したいと色々な方に消息を尋ねましたが、なかなか捜し当てる事ができずにいました。やっと消息が分かると、戦後の先生方の給料はとても低く、まともな生活もできないような状況だったため、退職して炭鉱で働き、その無理がもとで亡くなられたという事でした。とても残念です。

工業学校時代　大濠公園の中ノ島に入れるのは、進駐軍と日本女性のみ

木製飛行機の造れる木材工業学校に入学できたものの、楽しかったのは一年ぐらいでした。戦況もいよいよ厳しくなり、二年生になると、勤労学徒として、測量士の補助員として働きました。都市が爆撃に遭っても延焼しないように、道路を拡張しなければなりません。そのための仕事で、これは勉強になりました。測量士の指導で、十三歳で「平板測量」ができるようになったのですから。

福岡市も焼け疎開の必要性もなくなり、つぎは、飛行機のある部品をこしらえる、当時竹下にあった松屋製鍛工場へ動員されました。

一年の中頃、とても偉い軍人の配属将校（学校の生徒・学生に軍事教育をする軍人で、

校長と同等の地位）の後に、三十代半ばの伍長の兵隊さんが後任として赴任されてきました。この先生は立派な学識を持った穏やかな方で、当時珍しく英会話に堪能でした。私が通っていたこの工業学校には、戦争当初、南方で捕虜になった米英軍兵士が二十から三十名あまり収容されていました。伍長はこれら捕虜の管理も一部しておられたようです。先生は教育係のような役職だったのでしょう。

この捕虜教育係であった伍長の先生は英会話の基本を教えてくれたので、私たちは暇があれば捕虜たちの所に行き、会話を楽しんでいました。驚く事にこれら捕虜のほとんどがガールフレンドと一緒に撮った写真を持っていました。この伍長の先生は、誰もが空腹な食糧難のこの時代に、捕虜の当番兵をかわるがわる市内の蓮池町にあった自宅に連れて行き、市民の一般が口にする事もできないぜんざいなどを食べさせていたそうです。

戦後、捕虜たちが、米軍から投下された緊急食料を持って、伍長の先生の自宅にお礼に来たといいます。これは当時の新聞に大きく報道されました。敗戦の翌日、元陸軍の飛行場（今の福岡空港）へB29が数機飛来し、赤・青・黄・白等美しい落下傘に緊急物資を結んで落としました。この緊急物資には当時の日本人が見た事もない食料がいっぱい詰まっていた事でしょう。落下傘の美しさもあり、皆が欲しそうな顔して仰ぎ見ていました。

福岡の大空襲には、二〇五機のB29が襲来しています。市内には焼夷弾が広い範囲に落ちたので、あっという間に市内中が炎になり、広く燃え尽きてしまいました。市内の死者の合計は約千数百人ほどでした。

福岡市は博多湾に面しています。市内の中央には南北方向に流れる大きな那珂川があります。その東にあった商人の町の中心に奈良屋小学校があります。この学校は当時としては、日本でもかなり立派な鉄筋コンクリート造の小学校です。大空襲の時、この奈良屋小学校は建物が耐火構造だった事と、学校前の広い道路や公園のおかげで、一部は焼けてしまったものの、大方は延焼を免れていました。当時学徒動員で疎開事務所に行っていましたが、空襲の日は登校の日でした。焼け跡を見ながら学校までの長い道を歩いて行きましたが、その途中、六十人程の方が避難して焼死された、川端の第十五銀行の地下室を見て何とも言えない気持ちになっていました。

私たちは、学校に着くと二班に分けられ、学校に落ちた焼夷弾の後かたづけの後、この第十五銀行に行き、焼死した方たちを奈良屋小学校まで運ぶ手伝いをしました。焼死した方を戸板にのせ四人で運ぶのです。私も三体を運びました。学校の帰り道だったので、翌日も見に行きましたら、焼死された方は百体はあったでしょうか。たくさんの方が我が子、我が親、知人を捜していて、死体のたくさん並んでいる様は地獄のようでした。焼けた姿は苦しそうに手の指を広げ、掻き毟って何かを求めているようです。

勤労学徒の私たちは、鍛造工場への出勤が命じられました。工場での生徒や社員の間では、超新鋭機とうたわれている震電（Ｊ７）が近くの九州飛行機製作所で製作中であると噂されていました。この飛行機はプロペラが後ろに付いた、逆推進型機で、径三〇ミリ四門の機関砲を持つ、ザリ蟹に似た飛行機です。噂ではＢ29が飛行する位置まで二分で急上昇し、攻撃した後は滑空式で降りて来るのだそうです。終戦間際にこの飛行機が私たちの工場の真上を試験飛行したのを二度ほど見た時には感動しました。これでＢ29を撃墜できると期待しましたが、三回目の本格的な最終試験飛行は、皮肉にも八月十五日でした。一機だけアメリカのスミソニアン記念館に残っています。

戦後の二学期の始業式は、この奈良屋小学校の焼け残った場所で行われ、学校が再建設されるまでの間、この小学校が仮校舎となりました。

戦後一カ月も経っていない日差しの強い午後、この奈良屋小学校からの帰り、同じ学年の五人で焼け野原を博多駅方面に歩いていた時の事です。一人の友人がポケットに手を入れピーナツをムシャムシャ一人で食べています。戦後混乱期の真只中、誰もが少ない食料の配給に頼っていた頃です。ピーナツなんか見た事もない最高の菓子の一つです。皆が欲しそうにしていましたが、誰も見ているだけでした。

彼の家は市の中心部にある料理屋の息子です。この料理屋は戦後すぐから米軍将校相手の料理屋もしているとの事でした。それで、当時珍しいサッカリンや角砂糖などを時々学校に持ってきては皆に見せていました。ただ見せていただけです。この時、グループの一人が言いにくそうに「俺にも少しやりやい」と言いましたら「いや」と言って断りました。みんな黙り込み、無言のまま目的地に歩いていきました。しらけた空気が漂っていた事だけはよく覚えています。彼はずっと食べ続けていました。よくあんな事ができるものです。

その翌日、彼が鼻血をいっぱい出した顔や、血のついた服を水の出の悪い水道で洗っていいます。どうしたのかクラスの者にたずねましたら、先輩からひどく殴られたとの事。廊下で彼がピーナツを食べていた時、先輩からピーナツを要求され、断ったのが原因で特攻隊帰りの先輩たち数人からひどく殴られたそうです。この時はクラスの者皆が喜んでいたようです。食料の不足していたこの当時、農村からの友人は弁当や米を多く持ってきては、クラスの友達に分けていたころです。この喜ぶ気持ちは失礼でしょうか。

彼は立派な屋敷も建て、市内の一等地に大きな貸しビルも完成しましたが、三十歳の終わり頃、病気で世を去りました。人間の一生は良くて八十点、悪くても七十五点は、仏様の思し召しかなと思ったりしています。

一年後、福岡城内にあった元陸軍の練兵場に新校舎が建つ事が決定しましたが、福岡市に学校建設の予算がないので、職員と生徒だけで学校を建設せよとの事でした。こんな経緯で校舎を建てた経験を持つ学校はまたとないでしょう。結局は職員と生徒全員で建設する事になり、先生も生徒もとにかく一所懸命でした。

作業は各班に分かれて行いました。まずは四〇キロ離れた糸島にあった、元海軍の小富士航空隊の木造兵舎の解体。そして解体した木材を生徒が肩に担いで四キロ運搬して貨車へ積み込む。それを学校近くの到達した駅で積み降ろし、学校まで肩に担いで五キロの運搬。それからさらに大工さん五人程と共同の建設というものでした。

はっきりとは覚えていませんが、当然学費も払っていたと思います。全てが困難の連続でした。一番苦労したのは弁当でした。当時は食料不足の時代だったので、時には農家の生徒が米を持って来て作業中の運動場で飯を炊き、皆で分け合って食べたりしました。

海軍兵舎の解体も困難でした。解体といってもただ壊すのでなく、できるだけ木材が壊れないように取り外すのです。運搬は本来ならトラックで運ぶ所ですが、その予算もなかったので全て人力です。今では考えられません。作業が終わる頃は、皆の肩に瘤ができていました。運んだ木材には大・中・小の沢山の釘が打ってあるので、その釘抜きも大変です。材木や部材を上に持ちあげるのは全て生徒がするため、いつも危険が伴っていました。

海軍兵舎の解体中、落ちていた鉄砲の弾を拾い、触った途端に弾が爆発し、友人一人が亡くなり二人が大怪我をしました。とても残念な事でした。馬小屋校舎みたいな教室ではありましたが、十教室ばかり完成しやっと勉強ができるようになったのは、作業を始めて二年後の事でした。その間の約二年は全く勉強なしです。こんな作業ばかりする学校に在籍するのは何の役にも立たないからと、多くの生徒が退学したり、正規の学校に転校していきました。戦後の混乱期、様々な理由があったとはいえ、二年間も生徒に一切の勉強もさせず働かせたのは、行政の怠慢以外の何物でもありません。

移転したこの陸軍練兵場跡は福岡城の敷地内にありました。ですから学校敷地としては市内の一等地で、学校の横には大濠公園があります。昔は博多湾の入り江で、昭和の初め、埋め立てて公園になりました。この公園には周囲二キロの大きな濠があります。その中に小さな小島が幾つかあり、数珠のように小さな橋で結ばれています。またこの公園に接して、当時簡易保険局の大きな鉄筋コンクリート造りの建物がありました。市内で最も大きな建物の一つで、朝鮮動乱の時は進駐軍の陸軍病院として接収され、米軍の傷病兵が多数出入りしていました。

敗戦後の事ですから仕方がないのですが、この大濠公園内の中ノ島の部分に立ち入る事ができるのは、進駐軍と日本の女性のみでした。この病院や日本女性との生活態度は、当時の我々の生活レベルから見ると、贅沢極まりないものでした。学校帰りの私達は、いつも横目で見ながら悔しい気持ちで帰ったものです。

戦前戦中は、強国が覇権のおもむくまま世界の各地に植民地をつくり、或いは中国の各地では租借地を虫食いのようにあちらこちらにつくりました、決して外国の民を力でもって支配するものでないと当時感じたものです。

工業高等学校時代　人間万事塞翁が馬

戦後、私の工業学校には、インパール作戦で九死に一生を得た陸軍士官や、数人の海軍兵学校出の士官、零戦での空中戦で敵機に撃たれ負傷した士官、飛行機設計者の技術将校、東京芸大出身の航空兵の士官など、多士済々の優秀な先生方がおられました。彼らに共通して言えるのは、自分の専門分野の研究と教育に熱心で、先生方が叫ばなくても生徒は厳しさを感じ取り自然と畏敬の念を抱いていました。

高校三年生の時、福岡県の第三回国民体育大会で、六校の三年生によるマスゲームが組み込まれました。その練習には、総合指導者として県立高校の体育の先生があたりました。元陸軍士官学校出身の先生でしたが、その指導の見事さには全生徒が心から敬意を持ち指導に従ったものです。

技術将校上がりの若い先生が「お前たち、若い時に女のケツばっかり追いかけていると、まともな技術屋になれんぞ」とよく言っていたのが強く印象に残っています。またある数学の先生は「今回の戦争は一回のゲームでアメリカに負けたに過ぎない。日本人は稀な優秀性を持っているから、資源を造り出す事を考えれば次のゲームではアメリカに勝てる」といつも言っていました。

東京芸大出身で航空士官でもあったこの先生は、授業をしながら専門を生かし、戦災を免れた市内にある古い劇場の椅子やインテリアの設計をされ、地元新聞にも写真入りで大きく載せられました。私たちの先生が活躍し新聞にも載った事はとても誇りでした。

海軍兵学校出身の先生は二人おられましたが、先輩の先生は、教職員内での立場の違う先生（どこの職業学校にも教諭と実習教諭がおられます。教育は職名に拘わらず、全職員で指導するという理念の下にとても働かれていた）の地位向上に非常に尽力されました。福沢諭吉の心訓の第一に「世の中で一番尊い事は、人のために奉仕をして決して恩にきせないこと」とありますが、私欲を捨て、まさにこれを終生貫いた先生でした。後輩の海軍兵学校出身の先生は、国内の工業高校で初めて自動車工学科を新設することに尽力されました。この科は今や全国の工業高校の半数が持っていて、どの学校も志望者が多いと聞いています。

零戦で負傷した航空士官出の先生は、本校のグライダーの指導だけでなく、広く全国の社会人や高校生にも指導され、その遺訓は綿々と今でも守られています。

ビルマにおけるインパール作戦は、ただ死に行くような無策極まりない作戦だったようですが、この作戦で生き延びた先生は、五十代の始め頃から市内にある私立大学の工学部で非常勤の講師をされていました。また、その他の五人の先生は、その後大学の教授になられました。

当時の私の自宅は蒸気機関車から出る煙で皆困っている所だけあって、いわば吹き溜まりの地区ですから、どうしてもいろんな問題を抱えている青少年が多くいます。この地域の小学校の女の先生は、いつも遠回りして帰っていました。

学校から帰ると、彼らと顔を合わせる機会が多いので、いつも県の図書館で勉強して、暗くなってから家に帰っていました。帰るとまた人との付き合いができると困りますので夕食が終わると、さらに汽車に乗り郊外の柔道場に通っていました。

講和条約の発効までの間、学校で剣道、柔道などの武道に関する競技や練習は禁止されていたので、郊外に近い柔道場まで通っていたのです。柔道を始めたのは高校二年生からです。こうするうちに、今まで勉強していなかった私が見えてきました。胃腸の弱かった体もマシになったようですし、吹き溜まりはかえってプラスに転じたようです。まさに「塞翁が馬」です。幸い教師になったので、柔道は五十代の半ばまで生徒と真剣に取り組みました。

「塞翁が馬」とは、道理の深さは予測する事ができない事の譬えです。いまから二千年程まえの、漢の時代の『淮南子《えなんじ》』に載っています。

「国境の砦の近くに学識のある老人が住んでいました。ある時、その飼馬が、となりの国へ逃げて行きましたので、近所の人々は気の毒に思いましたが、老人は『これはいつかは幸せになるかもしれない』と言っていました。数カ月がたった頃、逃げた馬がとなりの国のすばらしい馬をつれて帰ってきました。人々はみなこれを祝いましたが、老人は『この幸せが何時かは禍となるかもしれない』と言っていましたら、老人の息子が馬にのる事を好み、しばらくして落馬し太股を折ってしまいました。一年も過ぎた頃、隣国から大挙して敵が国境に侵入しようとしました。砦の近くに住む若者は防戦に努めましたが、十人中九人までが戦死しました。でもこの若者は障害をもっていたため、戦場に行く事がなく、無事に生き残る事ができた」というのです。一般に「人間万事塞翁が馬」と言っています。

昔住んでいた所は、今は大きな道路が走り、公の大型建築物、高層マンション、立派なスーパーが建ち並んでいます。吹き溜まりと言われた当時の環境と比較する事もできません。たまにこの近くを通ると何だか嬉しくなります。でも一つだけ気になる事があります。昔あった古い小さなお稲荷さんの事です。

赤く塗られた小さな鳥居が数本と、奥には小さな祠があり、陶磁器製の狐（コンコンさん）が数匹安置されていました。当時このお稲荷さんをお守りしていた方は、年配の夫婦と寝たきりのお母さんの三人で、子ども相手の小さな駄菓子屋さんでした。祠を探してもとうとう見あたりませんでした。とても寂しくなってしまいました。

お稲荷様にあるコンコンさんや、鎮守ノ森の祠の注連縄は、先祖が稲や穀物を食い荒らす鼠を退治してくれる狐や蛇を大切にしていた事を示しています。注連縄は蛇を象徴し、それらは私たちが農耕民族である証です。今でこそ工業の力で食糧を海外に依存していますが、世界人口も年々増え続け、いずれ食糧不足のため自給自足で賄う時代が目前にせまりつつあります。ある学者によれば三十年先ともいわれています。先人たちの生活と技を見直さねば、やがて取り返しがつかなくなるでしょう。

私たちの世代は様々な時代の変遷を経てきました。小学校時代の大東亜戦争などの覇権争いをはじめ、敗戦と混乱と朝鮮動乱、続いてきたのが鍋底景気と言われる長い低迷期、やっと高度成長で喜んでいたかと思うとオイルショック、それからバブル経済とその崩壊。こんな経緯をわずか六十年あまりで経験した事はむしろ幸せだったかもしれません。

今日、当時の事柄をもって比較できない面も多々あるでしょう。しかし豊かであるがゆえに心が荒んでいるような現状を、学校の先生はもちろん、宗教家も再認識しなければならないと思います。これらをほって置けば、日本の屋台骨が崩れ去ってしまうでしょう。政治的にも経済的にもやや低迷期とはいえ、世界の中でも日本人は特に適応性と優れた応用力を持っているように思います。方向性さえ間違えなければ、日本の子ども達はきっと世界の指導者になれると思っています。

聾学校教師時代　酒を飲んで来た生徒を褒められました

十八歳で工業高校を卒業してから、九州北部の炭鉱の中心地にある県立直方聾学校に、工作助教諭として赴任しました。全校の生徒数は五十名程で、先生の数は二十数名でした。先生方は生徒の教育に熱心なだけでなく、常に様々な教養を身につけようと努力しておられる方たちばかりでした。これら先輩の先生方を見ると、工業高校しか出ていない私の知識や学識のなんと低い事かと恥ずかしく、身に染みてこたえました。当時は予備校などありませんでしたが、幸運にも聾学校の寮の近くにあった、県立筑豊高等学校定時制の四年に特別聴講生として勉強させてもらう事ができました。この学校で、工業高校にはなかった優れた考え方をたくさん学ぶ事ができ、私の人生観の根本となる最も重要な経験となりました。

漢文の授業のある日、二十五歳程の生徒が少し顔を赤くしてふらふらしながら十五分程遅れて教室に入ってきました。

「今日は会社で打ち上げがあり、自分だけ帰れなくて遅れました、すみません」と言いながら頭をさげています。

私はてっきり、酔っ払って学校にくるとは何事かと怒られ、殴るだろうと思って見ていたところ、先生は、「酒の席があったにもかかわらず、努力して学校にきた事は立派な事です。この後の授業も頑張りなさい」と褒められました。

とても素晴らしい先生に感動を覚えたものです。それから私も、高校教師時代は怠慢で遅れた者以外は遅刻者を無闇に怒ったりはしませんでした。遅刻にもそれなりに理由があるものです。戦時中は理由がどうあれ、少しでも遅刻すると力一杯殴られたものでした。

この夜学の学生のほとんどは、戦時中、中国や南方の戦場に行ったために満足に勉強できず、その分を取り戻そうと炭鉱などで働きながら、熱心に通学している方達たちばかりです。そのせいか、年配の方が多く在籍していました。教室はいつも七十人くらいの満席で、机の合間はまったくない状態でした。中休みはそれぞれ話をしていましたが、一旦先生が入って来られると、水を打ったように静かになります。短期の講義や講演ならまだしも、年間を通じて、それも入学以来の四年間ずっとです。いや、ほんとうにこれには感心しました。このような経験は、その後の大学でも、教師をした高校でもありません。

高校教師時代の事、九州大学のある先生が、近頃の学生は講義中よく私語をして困ると嘆いていました。同席していた中学の先生は、テレビは十五分毎にコマーシャルがあるので、今の子どもが講義を聞く限界は十五分であると説明していました。

ある日、漢文の先生が深い思いをこめて、白居易の漢詩「酒に対す」の話をされました。「蝸牛角上何事を争う、石火光中この身を寄す……。争いのある事は人の常ですが、我々の住む所は宇宙の広大さに比べると蝸牛の角の上ぐらいの狭い所です。我々の生きている間の年数も宇宙の長さに比べると火打ちで叩いて一瞬に現われて消える火花のようなものです。この小さな場所でまたこの短い時間の中でなぜ争いをするのですか。勝ったとしても一体それがどうだというのか。せっかくこの世に生を享けているのだから、金持ちは金持ちなりに貧しい者は貧しいなりに天の命ずるままに生きよう、さあゆっくり飲もう」という内容のものです。「酒に対す」の漢詩を聞いた時から、宇宙の広さを知りたくなり、天文が好きになりました。

当時この聾学校は県立直方高校の一部を仮校舎としていました、その一部が宿直室で私の部屋でもありました。七月頃のある日、夜学から帰ると地下足袋をはいた校長が待っています。話では、寮生の小さな姉弟二人がおらず、どうも寂しくて家に帰っているようです。二人で十数キロばかり行った福知山の中腹の家まで、小雨の中を出かけますした。途中たくさんの蛍と墓石を見ながらたどりつき、生徒がいましたのでホッとしました。

この学校の在職は一年でしたが、勉強の他、当時から差別やいじめの問題を考える事が多く、二十年間以上はお世話になった価値がありました。校長からはまたとない素晴らしい指導を他界されるまでいただきました。

ある日一人の教務主任と一緒に、十人ほどの生徒を連れて近所の木工製作所を見学に行きました。見学から帰ると、教務主任からお礼状を出しておくように言われたので、早速葉書にしたためようとしたのですが、ああでもないこうでもないと考えて結局なかなか上手くできなくて、とうとう翌日になってしまいました。

教務主任から「出したね」とたずねられ、「今日中には出します」と答えると、すごく怒られました。「先生たるものが礼状の一枚もすぐ書けなくてどうするか」と。

早速その日に『手紙大百科』を買い、それからは常に努力したつもりです。私の経験上、どんな事でも怒られてマイナスになった事はありません。怒られて成長するのは、先生も学生もおなじです。この『手紙大百科』は、今でも大切に使っています。

工業大学時代　偏差値より、夜学でも学べる大学を選びなさい

昭和二十六年、勉強不足でしたが、やっと工業大学に入学できました。大阪に着き、学校近くの不動産屋にお願いして、ある下宿屋に落ち着きました。二階に職人さんが十名ほどいて、その方たちの食事場が一階二畳の部屋ですが、ここが私の部屋です。

賄いは年配のじいさんの仕事。食事時間は小さな食卓を置きますので、ここにはいられません。食事の内容はいつも沢庵です。私は食べる気がしないのでいつも学食でした。夜は隣の部屋で何人か集まって毎日深夜まで花札です。寝られたものではありません。二階に一度上がってみましたら、畳は一階同様ほとんど黒色に近く油でつるつるでした。「た

こ部屋」です。

当時は米が配給制でしたから、手続きの関係で一カ月はこの部屋にいました。ある日、虫に喰われてあまりにも痒いので、ＤＤＴを買ってきて柱の割れ目に噴きかけると、南京虫が何匹も飛び出してきたのには驚きました。下宿を去る時も、三カ月の敷金なんか戻そうともしません。この下宿生活は良い経験になりました。

一月後、学校の紹介でまともな下宿に落ち着く事ができました。下宿部屋にはあと一人の同室の者がいますが、彼はとても優秀でした。実家は長野県内の大きな庄屋さんで、昔は帯刀を許されていたらしく、今でも槍や火縄銃も数丁が床の間に飾ってあり、当然大きな仏壇が仏間にもあるとも自慢していました。

その彼は、一度関西で最も困難な大学の機械工学科の入試に失敗しています。両親は一年ぐらいは浪人してでも再度挑戦するように願っていたそうですが、再度受験するのも主義に合わないからこの大学にきた、と言っているだけあって、学力は優秀でした。

「大学で勉強するのは本人の心がけですから、どこで学んでも一緒だ」と人生観もしっかりしたものを持っています。一般教養の、宗教や哲学の時間を終え帰ってくると、いつも「先生は下らん事を言っている」と言ってぼやいていました。

数学の微積分や英文学などは驚くほど才能がありましたので、私はとても助かりました。

得意な分野だったからでしょう、少したずねますと深夜まで丁寧に教えてくれました。

家からはかなりの送金があったようで、しばしば夜には「予防のため」と言って、大きなペニシリンを自らの臀部《でんぶ》に打って南へ遊びに出かけていました、あの注射を見ると怖かったです。

当時はペニシリンも注射器も薬店で売っていました、その数年前までは、ヒロポンも置いてありました、どこでも手に入りましたので、高校時代はクラスの者が眠気を覚ますためや遊ぶために、何人かは使用していました。でも使用していた者はその後、若くして命を亡くしています。もともとヒロポンは戦時中、航空兵が眠気を生じないよう搭乗前に打っていたものです。

彼は優秀でしたが、自分だけの力を頼ったのですね。生活も豊か過ぎたのでしょう、一年あまりで里に帰りました。優秀な友人だけあって去るのが少し残念でした。

この工業大学は守口市近くの淀川の辺に位置していましたが、鉄筋コンクリート造四階建ての校舎でした。屋上にあがると、まだ一部空襲のあとが残り、鉄骨屋根の一部が飴のように垂れ下がっていました。でも周囲で高い建物はここだけでしたから、梅雨時期になると周辺の方の避難場所になります。すると、この間は休校が続きました。

終戦直後には淀川の堤防決壊で学校近くの住民が被災したと聞いています。夜遅く受講した帰宅途中、淀川の堤防を歩くと、夜空の星座がなんと美しい事。当時はまだ空気も澄んでいました。外灯もほとんどない時代でしたから。

大学では、構造に堪能で親切な先生に出会ったのが幸いでした。なぜか建築設計やデザインには全く興味がなく、建造物の構造計算を日夜勉強させていただきました。指導していただいた耐震工学の担当の先生は、学会でも有名な方で、関西でも大きなビルの構造計算をたくさん手掛けておられていたので、とても良い講義を聴く事ができました。私のような学生の質問でも、時には一時間以上もかけて答えてくださった事もあります。当時の大学教授としてはまたといない立派な先生だと思います。

この工業大学で学ぶ事ができとても助かったのは夜学があった事です。学費の送金が滞ったときなどは、近くのガラス工場でアルバイトをしますが、その時などは夜学で受講できます。さいわい担当の教授は昼夜とも同じですから内容も同じです。単位はどちらで受けても変わりませんでした。

聾学校に勤務していた時、夜は近くの定時制で聴講生として勉強させていただきましたが、どこも夜の学生は熱心で凄みがありました。夜勉強できる事を知ってから、夜学で暇さえあれば建築以外の単位を随分取得できました。建築以外の勉強を広く勉強する事ができ、これらの学問がその後とても役にたった事は言うまでもありません。

夜学の土木工学科で「地質学」の受講をしたときの事です。戦時中、先生が尼崎市の地盤を調べると、なぜか年々地盤が下がっているので、よく調査してもはっきりしないそうです。もしかすると地下水に関係があるのかと思案していたところ、空襲が激しくなり稼働中の工場が軒並みやられると地盤沈下が止まり、地盤沈下の原因は地下水の汲み上げであったと説明されました。工業高校教師の時、福岡市の都市地盤構造図を全国最初に作成し、教育研究報告ができたのも、この地質学のおかげです。

また夜学の機械工学科で「熱学」を受講していたときです。戦時中、先生が軍からの依頼で磁気機雷を研究していたとき、どうしても研究不可能だと軍に報告していたそうです。それをアメリカは研究に研究を重ねついに完成し、日本最初の空爆で、国防上最も重要な関門海峡の封鎖に、この磁気機雷をB29でかなり多数を投下しています。アメリカの開拓魂はこの辺にあるのですね。このほか、高射砲の研究をしていた電気工学科の「光学」の先生でしたが、「アメリカは機関砲に敵機が二十メートルに近づくと自動的に爆発する、所謂磁気砲弾を使用していた。そんな事は日本軍は戦後まで全く知らなかった」と話していました。この他夜学では、建築以外の科で色々なおもしろい事を教えていただきました。

これから大学で学ばれる方は、できるならば夜学を持つ学校に行かれ、若いとき多方面で勉強される事を強くお薦めします。若いときは標準偏差値とかなんとかで学校を選びがちですが、生涯を見極めて選択されますよう。標準偏差値とかは言うのは若いときだけですよ。努力する事には到底叶いません。日本人も平均年齢が八十歳に近く、長生きができつつあります。これからは定年後も生涯勉強の時代がきています。

卒業後は工業高校に勤めましたが、特に構造と構造計算の科目に研究を重ねました。中でもこの難解な教科を模型を使ったり実験をしながら、できるだけ分かりやすい平易な解説で生徒指導の中に取り入れてきたつもりです。

教師時代から穂高建築研究室を設け、今日まで研鑽してこられた事は、耐震工学担当の先生はじめ、親切に指導してただいた小学校六年担任先生や、忍耐力を培い、そして叱ってくれた低学年当時の担任の先生にとても感謝しています。

参考のために、戦時中軍の航空機などを設計されていた学者の方が、どの方面に進まれているかを調べてみたところ、戦後は建築の構造や、建築物を支える基礎や地盤関係に多くの方が転向されていました。ペンシルロケットやイトカワ衛星でも有名なロケット博士である糸川英夫博士は、戦時中はプロペラの研究をされていました。

学生時代、他校の学生の勉学態度と自分を比較した時あまりの違いに未熟さと不甲斐なさを思い知った事があります。その時は本当に情けなくなりました。

当時は進学塾がまだ一般的でなかった時代ですから、自宅以外での勉強は学校内か図書館でしていました。大学一回生の正月休暇の事です。雰囲気を変えようと思い、大阪中ノ島公園内の府立図書館に開館時の九時に行きましたら、なんと来館者が図書館を二重近くに囲んでいます。当日はやっと三時頃に入館できました。頭にきたので翌日は七時頃に行きましたら、それでも一五〇人程は並んでいるではありませんか。エーィクソと思い、翌日は六時ごろに張り切って行きましたら、既に三十人はいたでしょう。その翌日は絶対一番にと思い、一番の市電で行きましたら五人はいました。寒風の下、玄関の外灯をたよりに皆、勉強しています。前の二人の高校生に尋ねますと、毎日五時に大阪駅に着き、梅田から地下鉄で来ているとの事でした。

高校生の一人は京都大学の建築に、あと一人は大阪大学の医学部を目指していると話していました。早く来る事によって精神力を鍛えているのでしょう。この時は心から頭がさがりました。

それからがまた驚きです。閲覧室は四部屋ばかりありましたが、席は順番で、私はこの高校生の隣で、その日は終日一緒でした。席に着き、さあ今から勉強を始めるぞという時、隣りの彼は両手で何かを握り締め両肘を机に置き、無言で祈っています。握っているのは小さな観音様か、十字架みたいなものです。しばらくお祈りをしていましたが、合格するような勝手な願いごとではありません。その態度から、一日ここで勉強できる事を感謝しているようでした。彼は間違いなく合格し、その後も社会に大きく貢献されたでしょう。

後で私と同室で下宿してきた友人は、長崎のある島からきたクリスチャンでした。ある時、大阪市内在住のクリスチャンの学生二十名程が集まるので、参考に聞きにこないかと誘われた事があります。

座長は大阪大学の学生でした。一時間程聞いていましたが、とりとめもない枝葉末節な雑談ばかりの会話でしたので、少しがっかりしていたその時、初めての参加者である私に、今日、参加した事について意見を求められました。私は、「宗教についてはまったくの素人です。倫理とか、道徳とかはいくらか理解できますが、宗教は死者を葬る以外、今の生活の中で、どこでどんな役に立っているか分かりません。室内が暗いと電球にスイッチを入れると明るくなりますが、宗教で世の中を明くする事はできないものですか」と、こんなことを素直に言ったつもりです。

その後二時間ばかりこれについての会話がずっと続きました。友人も帰り際「お前が来てくれて話がはずんで良かった」と言って喜んでくれました。しかし、その後このような会に出席した事はありません。

工業高等学校教師時代　教育公務員特例法の活用を望みます

教師をして間もなくの頃、ある名の通った設計事務所に勤務している卒業生が、当時としては大きな特殊建築物の構造計算を依頼してきました。これは今までに例のない建築物で、当時は構造計算の専門書も少なく、専門的に問い合わせる事ができる相手も身近に居られませんので、自分なりにああでもないこうでもないと日夜考えた末、どうにか構造計算書を完成した事があります。

依頼を受けた時、卒業生が事務所の方に、「私が依頼する先生ならこの程度の構造計算はすぐにできますと言ったので、断られると私が恥をかきます。絶対断らないでください」と言います。

構造計算の途中、解析できない点を、当時、新設された国立大学の建築工学科の構造専門の先生にたずねようと何回も思った事もありましたが、私も設計料としていくら謝礼をもらえるか分からないのです。まったく謝礼を出せる予算もなかったので、とうとう自分だけで完成させました。

その間、提出前の三日間は特に徹夜で、学会から出版された二冊程の専門書と理論とでもって、計算に集中しました。毎日昼間は授業をしていますので、かなり大変でした。仕事のし過ぎで鼻血が出るのを漫画で見た事がありましたが、生まれて始めて鼻血の経験をしました。不思議な事ですが、鼻血は思いっきり霧を噴いたように一瞬に出るのです。出たあとは頭がスッキリしました。この建物の横を通る度にいつも懐かしい思いがしました。

福岡市には西公園と呼ばれる高さ四〇メートルほどの小高い山があります。この小高い山は博多湾にちょうど「出べソ」みたいに半島として飛び出しています。この山に立つと福岡市内が一望でき、絶好の市民の憩いの場所になっています。幕末には台場が築かれ大砲が据えられていた所でもあり、桜の季節になると花見の場所さえ確保するのが大変です。

先の構造計算した建物が建った頃、「週刊朝日」の、二面に渡って掲載された西公園から福岡市を一望するグラビアの中心に、この建物の写真が映っていました。これを親父に見せた時、生まれてはじめての大きな私の仕事を見て、初めてにっこりしてくれました。私が小さい頃に、「勉強しなくても工作が好きだから大工さんにはなれる」と、おふくろを慰めていた事を思い出したのかも知れません。

この時は「馬鹿、馬鹿」と言っていたおふくろも、その写真をじっと見ていました。あくる日から、この写真だけを切り抜き、仏壇のある壁に数年間貼っていました。嬉しかったのでしょう。小年時代から一度も親父とおふくろを喜ばせた事がありませんでしたので、ホッとした思いでした。

人間誰でも一つぐらい得意なものがあれば、努力さえすれば、馬鹿でもいつかは芽が出るものだと思います。難しいものを一つこなすと自信がつくものです。それ以来、たくさんの構造計算の依頼がありました。個人の設計事務所から大手ゼネコンの設計室まで、毎日の時間をいっぱい使いました。そして一つひとつていねいにこなしました。毎日深夜まで構造計算をします。昼は理論を勉強として考えていました。

お陰で強度計算したビル、煙突、橋梁は多数残りました。それらの経験は、後の授業や資格指導の講義の際に、とても参考になったのは言うまでもありません。生徒にも受講生にも、どこそこの大きなビルは私が構造計算したと話していましたので、生徒も受講生も納得しながら講義を静かに聴いてくれました。

構造計算に苦労した先の特殊な建物は四十五年経ち、近年になって目的に合わなくなり取り壊されました。当時、建物を支持するための杭には、まだ鉄筋コンクリート杭が一般的でなかったので、広島の沿岸近くの赤松での杭が使われました。

松杭について少し述べたいと思います。松は針葉樹ですが、これら松杉檜類の針葉樹は、もともと北海道か東北や、中央部の山岳地方、また広島の沿岸の一部にしかない樹木です。照葉樹である広葉樹は、一般には曲がりながら成長するので建設用材にはあまり適しません。それでまっすぐ育つこれら針葉樹が好まれる様になったのです。ただしこの針葉樹というのは、深根性ではないため風や地震での横の力に弱いという欠点があります。日本の樹林帯で災害時によく倒木するのはこの針葉樹です。

東北以南の針葉樹のほとんどが、後年人口的に植林されたものであり、自然に育った樹木ではありません。それ故松食い虫などに弱いのです。

さて、海岸近くに建ったこの特殊建物の取り壊しを見る機会を得る事ができました。杭の強度はまったく落ちていませんでした。木杭は水中では空気を完全に遮断するために腐食しないのです。

ベニチュアの旧市街地は地盤が弱いので、周囲から切り出した、主に樫の木杭をたくさん打ち込んであり、その上に重い石造の建物を載せています。文献によると、その木杭の数の総本数は一億から一億三千本と言われています。

私が定年退職する頃までの構造計算書は、まだその半数が電卓の手計算でしたが、現在は全てコンピュータで処理されています。構造力学を解く苦労はほとんどありません。それゆえモラルのない耐震偽装の問題等が生じています。

昭和三―四十年代は、構造によって応力を解析するのに皆が苦労したものです。私の工業高校は福岡市立でもあり、また大学でもないので、気楽にこの解析方法や地盤構造と基礎との関係等、不明な点をしばしばたずねにこられました。建築ラッシュの時は、学校に年に二十人以上の方がきていました。後で述べる福岡市地盤構造図を作成できた事や、構造について指導ができ、地域に幾らかでも貢献できたと自負しています。

教師をして助かった事があります。建設関係での資格は、いまや建築士・土木技師はじめたくさんあります。幸いいろんな方の紹介で、これらの講師として、土・日曜は札幌から那覇まで出掛ける事ができ、様々な方に接する事ができました。中でも特筆できるのは、あの阪神大震災の跡をつぶさに見学できた事です。この頃、福井市と神戸市に講義に出掛けていました。大震災の時は、福岡・姫路・福知山・京都・福井と行き、帰りは大阪で一泊しながら、あの震災跡を、毎週、構造屋の立場で見て回る事ができました。地震の事は構造計算上、片時も仕事から離れませんが、実際にその破壊状況を目の当たりにしたことは、非常に貴重な経験になりました。破壊した軽微な建物については、その修復設計も幾つかさせていただきました。

福岡市の教育制度の一つに内地留学制度があります。週に一日、希望する所で研修できるというものです。ただし学校に一切の迷惑をかけてはならず、わずかばかりの補助は出ますが、これは関係の先生か相手方への謝礼となります。

三十歳になる少し前、工学部の先生の講義や講堂での講演を聴きながら、週一日ゆっくりしようと思い立ち、九州大学に申し出てのんびり通っていました。三カ月程過ぎた頃、教育委員会から中間報告を出すように書類がきてビックリしました。面倒な報告書を出すぐらいなら申し出なければ良かったと思いましたが、後の祭りです。この時は本当に困りました。色々考えた末、今までに構造計算をしたビルの地盤と、私の好きな地質についてまとめようと思いつき、これらを集めたら何かできるのでないかと閃きました。

ビルのような建物を安全に構造設計するには、まず地盤をよく調査し、地震や建物の固有振動を計算し、それに適合した基礎と建物の骨組みを設計します。そこで市内の地盤の調査資料を多く集めてみようと考えましたが、全く予算がありません。そこで数社の地盤調査会社や井戸屋さんに、構造図面ができたらお渡ししますからと約束し、たくさんの資料を見せていただきました。地図上へのプロットや断面図の制作は実習時間に生徒に手伝ってもらい、年度末にどうにかやっと完成し提出する事ができました。

この図面を当時の福岡県高等学校工業研究会の冊子、「研究と報告」三号で発表しますと、設計関係や土木関係の方が学校で発表したものより、詳細な内容や状況について、沢山の方が尋ねに来られるようになりました。その後、研究を重ね、昭和四十二（一九六七）年、日本建築学会九州支部によって、数名の先生方と連名で出版しました。

さらにこの図に従って北九州市、熊本市と拡大し、今では全国の大都市にこの地盤図ができています。これら都市地盤図の発祥は私の怠けから始まりました。誰だって窮地にたてば、いい案も生まれ実行もできるものです。工業研究会での福岡市都市地盤構造図の発表は、国内初の都市地盤構造図の発表になりました。

工業高校教師時代、謙虚のなさを思い知った事がありました。福岡県の工業学校は、私の赴任当時から障害者の入学を拒否してきました。障害者は工業には危険で不向きだと言うのです。聾学校に在籍していた時の事を考えると根拠は希薄です。毎年入学試験前には、五種目の身体検査が実施されており、この身体検査に合格して初めて受験できるのです。

その後、時代の変遷と意識の改革もあり、この制度を廃止にしようとする方向に向かいつつある時、私も担当者の一人として全国各県の現状を調査しましたところ、このような障害者を排除する制度は福岡県だけだという事が分かりました。関係の教育研究会や障害者協会にも報告し、いよいよ廃止の段階になると、この年に来たばかりの先生が、調査を申し出た当初は「障害者の検査制度は県の制度だから検査するのが当然」だと嫌な顔をして反対していながら、年度末のある会議で「私の力で来年度からこの制度を廃止する事になりました」と滔々《とうとう》と報告された時はみんな驚きました。

公立高校の多くが、一部の先生の顔写真を永久に掲げています。いずれその部屋は写真の森になるでしょう。またある学校では、目立つ所に先生の作品である絵画や彫刻をかざり、退職された後もいつまでも飾ってあります。それも名のある展示会などで入賞した作品とか、社会一般で認められた作品なら喜ばしい事ですが、そうではないのなら、先生は社会人ですから、それぞれの分野で自分の作品を残すとか、研究発表をすべきでしょう。

公立学校は市県民のためにあるのです。校内展示や校内発表は在校生や卒業生の向上を図るのが目的でなければなりません。身体検査の件での報告といい、私を含めて人間はみな、謙虚さがたりませんね。神や仏を祈る基本は、謙虚さではないでしょうか。

親が勉強しなければ子どもも勉強しません

私は現在、各地で建設関係の資格指導の講義をしています。大半の受講生は熱心です。

それは、資格を取得しないと仕事の関係上、入札に参加できないという事、また仕事そのものができないからです。生活が直接かかっていますから、皆が必死です。受講生の中には男性も女性もいます。三―四十代の方が多いのですが、いつも六―七十代の白髪の方も二、三名くらい混じっていて、受講生の大変熱心なのには感銘を受けます。私も、毎時間この歳になっても教えられる事を感謝しています。

私がいつも受講生に話します事は「受講生の皆さん、あなたご自身はもちろんの事、それ以上に、皆さんの子どもやお孫さんのためになります」と話します。親が勉強しなくて、なんで子どもが勉強しますか。

月に数回以上は新聞で報道されますが、親が子を、子どもが親を殺す事件です。親が子に殺される事件では、医者や資産家の家庭が多いようです。息子の成績の悪さや不甲斐なさが原因のようです、いつも「勉強せれ」と叱っているのでしょう。親は確かに若い頃は優秀だったようですが、今は忙しいから勉強する暇もないからでしょう。子どもの成績の不甲斐なさが情けない事は分かりますが、子は親の背中を見て育つものです。

私の父は、株を買って倒産寸前の失敗をし、各地を転々としてきましたが、若い頃は佐賀市内で一軒しかない英語塾に通っていたそうです。勉強が好きだったようで、家には日本史、西洋史などの厚い本がたくさんあり、暇さえあれば昔の者らしく、声に抑揚を付け、それらを読んでいました。

時には両腕を広げ、弟と私の枕にして、義経、弁慶、曽我兄弟の仇討ちなど色々な話をしてくれました。結構楽しく聞いたものです。今思い出すと、イタリアのコロッセオでの戦いの模様や、国内の旅行先での思い出なんかも話していました。この歴史書の中の絵や地図を見るだけでわくわくしたものです。

私も教師時代、生徒に特別勉強せよとは言いませんでした。しかし、どんな事も努力することが、最も大切だとの忠告は欠かせたことはありません。私も研究に努力せざるを得なかったのです。建設関係には様々な資格試験があります。若いときから土曜・日曜は県外のあっちこっちでそれらの講義の依頼がありましたので、生徒も見ていたと思います。

工業高校時代の友人ですが、彼は普段からよく勉強していました。残念ながら工高を出ると間もなく病気になりました。当時は効果のある薬もなく、長い療養時代がありましたが、その後、健康になりました。感心するのは、闘病生活の時代から、定年後の現在も仕事のほかに「古文書」などの勉強を続けているという事です。

「開運！　なんでも鑑定団」（テレビ東京）などで古文書を読んでいる場面がありますが、時々あの読み方は間違っていたと、指摘できるぐらい古文書については達者なのです。

与謝野鉄幹が「人を恋ふる歌」の中の一節に「友をえらばは書を読みて 六分の侠気 四分の熱」と詠んでいます。私が知る限り、普段勉強しない人は、どんな偉そうな事を言っても、金儲けのうまい人でも、あんまり人間的な魅力がありません。

私はいつも、夜は深夜まで構造計算をしなければなりませんでしたので、そのための理論の学習は昼間やっていました。ボンクラでしたが今までいつも勉強する機会が多くて幸せだったと感謝しています。

人を叱るには、まずその道でエキスパートになる事です。教師の経験から、若い先生方がいろんな会議や集会で、俺は教育者だと言わんばかりに一所懸命に理論を述べるのをしばしば見てきましたが、たいした役にも立ちません。

それよりも自分の教科を十分に理解しエキスパートになる事を勧めます。すると生徒も学生も、おのずから話を聞くようになります。

お父さんもお母さんも、子どもが小さいときから、自身が学んでいる背中を見せてください。今、資格指導で見かける、多くの年配の方が勉強されている姿は最高のものだと思っています。

一六〇〇年前（弥生時代の終わり頃）の中国の詩人「陶淵明《とうえんめい》」は、官僚生活を嫌い、三年あまりで故郷に隠遁しました、その後、彼は菊と酒を愛する悠々自適の生活を送った方で、こんな事を言っています。

人間の生涯は根無し草のようなものです
風が吹けば道の上の塵のように
分かれ散って風のままに飛んで行きます
人生は定着していません、無常なものです
この世に生まれて兄弟となるのは
必ずしも肉親のみでありません、みんな土になるのです
だから嬉しい事があれば皆で楽しもう
酒があれば近所の人を集めて思いの限り楽しむべきです
春秋に富む人生の盛りは二度ときませんよ
今日の一日は二度とくることはないのだから
だからこそ、時期を失わず勉強もしなければなりません
歳月は決して人間を待ってくれないのだから

六十四機を撃墜した坂井三郎海軍中尉は努力の賜

私が学生の時、大阪・中ノ島にある中央公会堂に、坂井三郎中尉の講演を聞きに行った事があります。この中央公会堂の設計は、私が学んだ工業大学の前身、専門学校時代の先生が設計されていましたので、建物の見学のつもりでなんとなく聴きに行ったのですが、これがなんと素晴らしい講演でした。

剣道で私を鍛えてくれた小学六年の担任の先生がある日、ラバウルの海軍航空兵の話を熱心に話された事がありました。ある航空兵が、激戦の末、やっとの思いで基地に帰り着いた時には燃料がぎりぎりで、滑走路に着陸した時は全くガソリンがなかったという話でした。ガタルカナル島近くで敵機と遭遇し敵機を数機撃墜したが、その後追撃してきた敵弾が顔や頭に命中、右目が見えなくなり、操縦不能に近かったというものです。帰還中はたびたび意識がなくなり、何度か海面すれすれの背面飛行を繰り返しながら、四時間後ラバウルにやっと帰還したと、模型飛行機を見せながら生き生きと話してくれました。

この話の主人公が坂井三郎中尉でした。講演で、以前聞いたその話を直接聴く事ができました。中尉は海軍航空学校に三度目にやっと合格、訓練の合間をみては視力を鍛える事に努力をされたそうです。

当時はレーダーなどない時代ですから、自分の目で敵機をいち早く発見した者の方が優位な位置につき、攻撃ができるのです。目を鍛える方法として、早く寝る、酒を飲まない、夜遊びしない、煙草は吸わない、街に出るとできるだけ遠くの甲板の文字を読み取る努力をし、まだ明るい内に野原で空を見ながら寝転び、一番星を発見するという独自の方法で視力を鍛えたそうです。その甲斐あって当初一・〇だった視力が、卒業する時には四・五になっていたそうです。以前モロッコを旅行した時も、アフリカの多くの方は視力が四、五あるという事でした。アフリカの乾燥し澄み切った空気の大自然の中で育つと、日本とは違い視力も発育するのでしょう。

中尉は四度負傷されたが、右目の視力を失ったあとも、硫黄島上空で米空軍機と交戦しています。四年の間に、太平洋上での出撃二百回以上、敵機六十四機を撃墜、かつ生還されたという事は本当に素晴らしく、それは中尉の日々の努力が実を結んだ結果ではないでしょうか。

ある日、中尉がガタルカナル上空で爆撃機集団の中の最先頭機を追撃した時、その爆撃機には、後にアメリカ大統領になったジョンソン議員が、この島の戦場の状況を視察するために搭乗していたそうです。この戦闘では中尉は別のＢ25の大型爆撃機を撃墜しました。

戦後、敵味方の友情に敬意を示す意味で、中尉は大統領の招待を受けられました。中尉が平成十二年に八十四歳で亡くなられるまで、米英仏軍からは度々栄誉勲章を受けています。亡くなった時はアメリカの有名紙の新聞の二面にわたって中尉の記事が掲載されました。坂井三郎中尉は、日本古来の武士道をもった実に「侍」と呼ぶに相応しい方です。これは日本人の資質に加え、海軍の厳格な規律とその敢闘精神から生まれてきたのでないかと思います。幸いにも、最も聴きたい話をこの公会堂で聴く事ができ、生涯の指針にもなりました。

ボンクラな私もこの中尉の信条に深く感銘をうけた者の一人です。後年この公会堂でしばしば講義をする機会を得ました。若い方に申します。標準偏差より努力する大切さを。

大和魂は殴って生まれるものではない、馴れ合いも良くない

小学校を卒業すると、私は工業学校に進学しましたが、一年生の時期は、農家や飛行場へ勤労奉仕に行かねばならない決まりでした。さらに秋頃から激しくなったB29による爆撃のために、運動場に大小の防空壕造りもするようになりました。学校内では、後輩の私たちは何かと言うと先輩から気合を入れられよく殴られていました。今となっては殴られ

た事も懐かしいですが、理不尽なものも多かったようです。

一年生の当時、私は学校にはいつも最も早く登校していました。ある日の早朝、一部捕虜収容所でもありました学校に登校すると、収容所に常駐の一人の日本兵が上官から叱られ殴られています。この兵隊が早朝、寝ぼけて二階から小便をして誤って落ちたようでした。「日本軍人でありながら精神がたるんどる」と、骨折して立つのもやっとの兵隊に気合を入れているところでした。

この頃になると、北九州の工業地帯は連日爆撃され、今や帝都東京にも爆撃が始まろうとしている時でした。市民の顔付きも厳しいものに変わっていました。

ある若い先生は生徒を並べ、皮のスリッパで顔を叩いていました。こんな事は日常茶飯事なので驚く事はありません。野球のバットでケツを殴られた同級生は何人もいます。

しかし、殴らねば生まれないような大和魂は、何の意味もない魂です。大和魂は殴って生まれるものではない、お前たちが先輩になった時は、決して後輩を殴ってはいけないと言っていた先生もいました。剣道と国語を教えていた先生でした。

数年前、バスに乗った時の事、ある停留所で小学六年生の男女が乗ってきました。その中には男の若い先生が一人いるようです。その会話を聞いていたら、誰が先生か生徒か分かりません。特にその先生の、女の児童に対する話し方は女友達に話しているようです。

私が高校教師をしていた時代、福岡県内の生徒指導会議の中で、どの高校の先生も異口同音に「若い先生ほど生徒を厳しく指導できない。職員室での女生徒との会話をみるとあたかもサロンのようです」と悔やんでいたのが印象的でした。先ほどの若い先生も、将来は厳しい先生になる事を期待します。指導は難しいと思いますが。

大学を卒業して、就職先があっても就職しないニートや、最初から働く意欲のない者が今や四百万人以上もいます。また、考えもつかないような事件が多発している今日です。これにはいろいろな社会的要因が重なりあっている事は分かりますが、多くは小学校時代からの甘えた教育や、規律のなかった生活が源と言っても言い過ぎではないと思います。

感謝する事は難しい

私は長いあいだ工業高校にいましたので、一般の公務員の制度はよく知りません。しかし、教育公務員は、常に勉強や研究を怠ってはならないという特例法もあります。工業学校の工業科の先生や職業科のすべての先生は、内に籠らず思い切って各企業とタイアップし、それぞれの学識や技術を磨くべきだと考えています。職業関係の先生が社会一般との関わりなくして、自信を持って教科について教える事ができるでしょうか。

普通の会社員に比べると、学校の先生に限らず公務員は一般的に時間に余裕があります。ある一部の先生は別として、今までは週に二日の休みがあります。放課後の自由時間も多く、さらに各学期の休暇中の時間もあるのです。たとえ学期の休暇中に出勤しても、午後は暇です。この時間を無駄にすべきでないと思います。学校内や教育業界だけで、いくらかの出世のためにあくせくするのは愚の骨頂です。また、生徒に教える教科書の内容は、時代の中で多少の変化はあっても、三年も教えていれば全てを理解できます。先生方もさらに専門の研究を重ねて、社会に貢献すべきではないでしょうか。

何人もの先生は、博士号を取得して地域に貢献しておられます。工業や職業学校に限らず全ての先生は、広く社会とタイアップして研鑽される事をお願いします。

たいした意味もない教育論を職員会議や集会などで発言し、気力を使い果たして得意になっても仕方がありませんよ。社会との交流で得た、研究内容の濃い教科を毎時間指導できる事が、本来の教育の姿だと思います。専門の先生は自分が研究したものや、作品がいつまでも残ります。こんなありがたい事はありません。

企業とタイアップして研究して行くうち、いくらかの謝礼なり報酬を得ますが、私は、謝礼を得る際には心から感謝して頭を下げます。また謝礼を渡す側も、心から感謝しているからこそ次回の研究をお願いするのです。さらに研究する事で面白味もでてきます。先生の多くは、若い時から「先生、先生」と呼ばれるため、自分でも偉いような錯覚に陥ってしまうものです。有名大学を出られ、有名大学の教授で、定年後ある教室の資格取得の講義を担当している先生がいましたが、機会あるごとに講義料を上げるように言われていたようです。関係者も度重なる催促が嫌になり、その教科が私に廻ってきました。

これなどは、公務員学者の「感謝する心のなさ」のよい例です。いつも新聞を賑わせている一つに、高級公務員の天下りと賄賂があります、これらの記事を見ますといつも情けなくなります。

公務員の先生の身分は保証され、給料も間違いなく入ってきます。この状態が長年続くと、全てにおいて感謝して頭を下げる事を忘れてしまいます。これは長い人生、自分にとってとても損な事です。人に心から頭を下げて謝礼をいただくという事は、人生の中であらゆる助けになります。これは間違いありません。

私の拙い経験からして分かった事があります。一般に苦労して勉強してない先生や、学識の向上心のない方ほど、人の世話になってもその時期をすぎると、感謝する事を忘れてしまうようです。

今や戦前戦中の厳しい教育は忘れさられました。その教育のよい部分も、悪い部分とともに忘れさられたように思います。しかし、戦後まもない日本が、最も混乱していた当時、夜学の定時制高校で受けた勉学態度の経験は忘れる事はできません。「国破れて山河あり」の当時、瓦解したこの国を再建しようという意識を先生も生徒もしっかり持っていたのではないかと思います。昼間炭坑で働き、疲れた体で夜に勉学する態度にも頭が下がりますが、特に先生方の教科指導の熱の入れ方は、素晴らしいと言う以上のものでした。

教師の職にある者は、まず受け持ち教科の実力を養い、そのエキスパートになって初めて、生徒・学生を自信もって、やかましく叱り指導できるのです。毎時間の授業を生きたものにしていくと、学生・生徒の心もついてくるし、思い切って叱る事もできます。

薄っぺらな教育論なんかいらん。

あとがき

冒頭でお詫びしましたように、一昨年出版した『先生！　もっと子どもを叱れ』の内容と重複する部分も多く、申し訳なかったと思いますが、この書は若い、住まいを設計する方や、お寺さん、これから家庭を持たれる方に、いくらかでも参考になればと思い執筆したもので、いつも考えていた事も書いてしまいました。許していただきたいと思います。

私の父は、今はない醸譲元の若旦那だったので、若いときは当時から日本国内をあっちこっちと旅行したようで、我が家には観光用の地図、それも鳥瞰図（鳥が上空から見ているような図）がたくさんありました。

私も学生時代から地図を見るのが好きで、地図を見ていると旅行しているような錯覚に陥りました。それを実感しようと思い、時々一人で普通列車に乗り、行く先々の適当な駅で降りて、一番安い宿に泊まりながら旅をしていました。鈍行列車の窓から見える風景は味わいがあります。この宿はいずれも大部屋で、服を着たままで寝ますが、結構楽しい旅でした。

学んだ大学は大阪市内にあり、帰省するたびに鈍行列車で、博多から長崎、鹿児島、四国、また博多から山陰線で大阪とか、コースを変えて旅行していました。高校教師になってからは、各学期には休みもあるし、かなりの距離を旅行しました。

また私が山の会で所属した「山荘会」の皆様や、高校山岳部の諸君ともずいぶんと旅することもできました。

「山荘会」で最初日本アルプスの穂高岳に登った時はとても感動したものです。十人ばかりの、リーダー以外は初心者のグループでしたが、穂高山頂にあと一歩手前のコル（山頂の首にあたる部分）で、リーダーから小休止の合図がありました。あと高さ五〇メートルも登れば山頂なのにと不思議に思っていましたら「ここまで来るには随分と苦労してきました。山頂にはゆっくり、落ち着いて登るものです。人生も同じで、ここで成功だと思ったときも、ひと息いれて、再度考えなさい」との事。このリーダーの教えはその後、人生の助けになりました。山登りには競争はありませんが、山は登ることによって、色んなことを教えてくれます。このときの穂高の印象が強く、私の設計室は「穂高建築研究所」にしました。

なお、このグループ（本書カバー裏参照）の一人に、一九八二年世界第二の高峰「K

2」に日本山岳協会登山隊長として活躍された友もいます（この「K2」の物語は長編映画にもなり、全国の映画館で上映されましたが、彼は後にヒマラヤの未踏峰をアタック中に遭難してしまいました）。

元気はまだあるつもりですが、私も早や高齢になりました。お蔭でやっと客観的に周囲を見ることができるようになりました。

今わが国には、少子高齢化を始め、地球温暖化とか、近いうちにくるであろう食糧難の問題など、いろいろと危惧する事柄が山積しています。中でも身近な問題として心配していますのは、家庭内での殺人事件の多さや、ニートの多さです。

以前、老僧の話を聞きましたが、近年「家庭内の絆や、先祖を敬う心が希薄になりました」と嘆いていました。そこで原因は、幼少時代に過ごしています「住まい」にあるのではと確信するようになりました。住まいは私も幾らかは専門分野なので、以前から考えていたことを執筆しようと思い立ったのです。

十数年前のことです。ヨーロッパのある記者が、久しぶりに日本に来て、朝からぶらぶらしている若いニートの多さに驚き「近いうち日本は崩壊しますよ」と呟いていたのがとても印象に残っています。

私は構造が専門なので、今まで住まいの設計は十数軒しか経験がありませんが、住まいの建築家はこれからの社会で、ニートの存在をなくし、家庭内の不和をなくし、親兄弟の絆を密にし、幾らかでも本来の家庭の姿になる住まいの設計を心がけていただければと願って書きました。

若い教師時代から考えていたことなどを纏めてみましたが、技術関係者は一般に文学に弱いので、内容が十分ではありません。ご了承ください。

表紙は大学の後輩で天文学に詳しく絵も描かれている藤村昌弘様からその「夢宙」をいただいたものです。

私は文学には学識がなく、文法にはまったく知識がありませんので、文学の造詣に深い日山富士代さんに読んでもらって、いろいろと指摘していただきました。ここに厚くお礼申し上げます。

二〇〇八年一月十五日

北島　進

エジプトの建築技術者と
カイロにて（昭和47年）

北島進（きたじま・すすむ）
昭和７年　2月生まれ。
昭和７年　福岡市立小学校入学
昭和19年　福岡市立博多工業学校木材工業（航空）科入学
戦後同校は博多工業高等学校木材工芸科となる
昭和25年　福岡県立直方聾学校助教諭，1年後退職
昭和26年　大阪工業大学建築学科入学
昭和30年　福岡市立博多工業高校教諭，定年まで勤める
昭和39年　福岡県教育研究会報（3号）に「福岡市地盤構造図」を発表
（日本最初の都市地盤構造図）
昭和45年　穂高建築研究室を退職後，穂高建築研究所として今日まで
建築構造設計を行う

昭和33年から今日まで構造計算したビル・煙突・橋梁多数
昭和34年から今日まで札幌から那覇の各都市にて建設関係の資格指導
昭和48年から平成2年まで福岡県建築士試験委員

※教育公務員特例法17条には「教育に関する他の職業を兼ね，又は教育に関する他の事業若しくは事務に従事することが本務の遂行に支障がないと任命権者において認める場合には，給与を受け，又は受けないで，その職を兼ね，又はその事業若しくは事務に従事することができる」とし，21条には「教育公務員は，その職責を遂行する為に，絶えず研究と修養に努めなければならない」とあります
※昭和30年代の当時は、建築学会や設計協会等では、ある程度は勉強と研究のため設計に参加することを奨励していました。

■穂高建築研究所＝福岡市城南区梅林5-5-22

家庭に不和が生まれるのは、住まいの設計思想にある

■

2008年3月24日発行

■

著　者　北島　進

発行者　西　俊明

発行所　有限会社海鳥社

〒810-0074　福岡市中央区大手門3丁目6番13号

電話092(771)0132　FAX092(771)2546

http://www.kaichosha-f.co..jp

印刷・製本　九州コンピュータ印刷

[定価は表紙カバーに表示]

ISBN978-4-87415-676-6